내 아이의
미래력

내 아이의 미래력

정학경 지음

4차 산업혁명 시대에 필요한 7가지 역량
부모가 당장 길러 줘야 할 것들

Hello!

운명애 · 시수 · 티쿤올람 · 몰입력 · 퍼지사고 · 공존지능 · 하브루타

라이팅하우스

4차 산업혁명 시대에도 앞서가는 유대인의 비밀

이스라엘 여행을 마치고 한국으로 돌아오던 길, 즐거웠던 여정과 달리 텔아비브 벤구리온 국제공항 출국 심사대를 통과할 때는 정말 힘들었습니다. 총을 든 군인들이 지켜보는 가운데 철저히 진행된 보안 검사 때문이었죠. 제 짐은 사람들 앞에서 로션과 샴푸 하나하나까지 풀어 헤쳐졌습니다. 그런데 출국 심사대를 통과하자 탑승구로 향하는 환한 대로가 펼쳐졌습니다. 긴 벽면 양쪽에는 만유인력을 발견한 뉴턴과 상대성이론을 만든 아인슈타인을 포함한 유대인 과학자들과 그들의 업적이 쭉 전시되어 있었습니다. 인류역사를 발전시킨 위대한 위인들과 그들이 세상에 선물한 멋진 유산들을 보고 있자니 한 걸음 한 걸음 내딛을 때마다 웬일인지 가슴이 벅차올랐습니다. 매일 사용하는 USB 메모리가 이스라엘 기업가의 발명품이라는 것도 그날 처음 알았습니다. 반신마비의 사람을 걷게 해 주는 로봇 장비 리워크Rewalk, 전 세계 물 부족 국가들을 돕는 드립 시스템, 2014년 하마스의 로켓으로부터 이스라엘을 보호한 로켓 요격 시스템 '아이언 돔Iron Dome', 먹는 캡슐 내시경 등 등 혁신적인 발명품들을 하나하나 구경하다 보니 사람 진을 쏙 빼놓던 출국 심사는 어느새 잊고 유대인에 대한 경이로움 비슷한 감정을 느끼게 되었습니다.

'유대인은 어떻게 이토록 꾸준히 인재들을 배출하지?'

전 세계 인구의 0.2%에 불과하지만, 전체 노벨상 수상자의 22%를 배출한 민족. 자본론을 발표한 칼 마르크스, 정신분석학을 개척한 지그문트 프로이트, 전 세계에서 가장 부유한 금융 가문 로스차일드 가家, 천재 화가 파블로 피카소, 퓰리처상을 제정한 언론인 조지프 퓰리처, 영화감독 스티븐 스필버그, 페이스북 창립자 마크 저커버그까지……. 이들의 성취는 학문, 경제, 문화, 예술, 비즈니스 등 모든 분야를 망라합니다. 더욱 대단한 것은 이들이 해당 분야에서 창조적 혁신을 불러일으켰다는 점입니다. 이것이야말로 미래에 가장 필요한 능력입니다. 그러니 유대인은 지금까지도 잘나갔지만 앞으로도 계속 잘나갈 것입니다. 인천으로 향하는 비행기 안에서 저는 유대인이 시대를 초월하는 경쟁력을 갖추게 된 이유에 대해 내내 생각했습니다.

유대인의 성취는 유전적인 원인 때문일까요? 그러나 지능으로 따지자면, 한국인의 평균 IQ는 106점으로 세계 최고 수준이고 94

점인 유대인보다 오히려 12점이나 높습니다. 노력이 문제일까요? 노력은 한국이 더 월등합니다. 경제협력개발기구 OECD 통계에 따르면 한국은 세계 최장 시간 노동하고 공부하는 나라에 속합니다. 그런데 우리는 왜 유대인보다 좋은 성과를 내지 못하는 것일까요?

깊이 고민할 필요가 없었습니다. 바로 '교육의 차이' 때문이었습니다. 유대인은 '교육'을 통해 창조적 혁신을 잘 해내는 인재를 기릅니다. 그렇다면 우리 부모님들의 교육열이 유대인에 비해 부족한 것일까요? 잘 아시다시피 우리나라는 오바마 대통령이 재임 당시 우수 사례로 여러 번 언급할 정도로 세계 최고 수준의 교육열을 자랑합니다. 하지만 우리의 교육열은 유대인의 교육과 정반대로 작용했습니다. "100명의 유대인이 있으면 100가지의 생각이 있다"는 유대인의 교육관과 달리 우리는 100명의 사람을 단 하나의 생각 아래 줄을 세워 순위를 매기는 방식으로 획일적으로 움직였습니다. 우리에게 교육열이란 경쟁에서 이겨 높은 등수를 차지하려는 열망, 그 자체였습니다.

결국 이렇게 비뚤어진 교육열이 지금의 입시 지옥을 만들었습니다. 공교육이 끝나도 아이들은 경쟁에서 이기기 위해 사교육 시장으로 내몰립니다. 지금까지는 그럭저럭 사교육의 투자 대비 효용이 나쁘지 않았습니다. 투자에 비례해서 아이의 대학 진학률도 높아졌으니까요. 하지만 문제는 이런 성공 방정식이 더 이상 작동하지 않을 거라는 점입니다. 이미 시작된 4차 산업혁명의 변화를 우리의 교육이 미처 따라가지 못했기 때문입니다. 부모의 바람과 달리 우리 아이들은 어렵게 얻은 학벌과 학위가 일자리를 보장해 주지 않는 시대에 이미 도착했습니다.

이스라엘에서 돌아오는 비행기에서 저는 진로 상담에서 만났던 수많은 아이들의 눈망울을 떠올렸습니다. 내 아이가 꽃길만 걷기를 바라는 것은 모든 부모의 한결같은 바람입니다. 하지만 꽃길을 알려 주는 게 아니라, 가시밭길을 만났을 때 헤쳐 나갈 수 있는 힘을 길러 주는 것이야말로 교육의 진정한 역할입니다. 유대인의 교육에서 저는 후자를 보았습니다. 부모가 깔아 주는 꽃길만을 따랐던 아이는 언제나 남들이 만든 길을 뒤따라 갈 뿐입니다. 길이 끊어진 곳에서 멈춰 서서 그들은 어찌할 바를 모릅니다. 반면, 유대인의 교육은 스스로 질문하고 답을 찾아나가며 새로운 길을 내는 방향으로 초점이 맞춰져 있었습니다.

결국 문제는 '교육의 질과 방향'입니다. 올바른 방향으로 설정된 양질의 교육이 서서히 쌓여 한 개인과 한 국가의 미래를 결정합니다. 당장의 경쟁에서 이기고, 당장의 시험을 통과하기 위한 공부 대신에 10년 뒤, 20년 뒤에 빛나는 인재로 성장시키기 위해서 우리는 지금 무엇을 가르쳐야 할까요? 급변하는 환경 속에서도 뒤처지지 않고 오히려 위기 속에서 창조적 혁신을 일으키는 인재로 키우기 위해 부모는 무엇을 준비해야 할까요?

한국을 위해 남겨 놓은 앨빈 토플러의 마지막 선물

지난 2016년 있었던 구글의 인공지능 알파고와 이세돌 9단의 바둑 대국은 전 국민에게 충격을 안겨 주었습니다. 인공지능(AI)과의 대결에서 인간이 패배했다는 사실은 로봇이 인간을 대체할 수 있다는 두려움 즉, 미래의 일자리에 대한 불안을 자극했습니다. 부모님들은 인공지능으로 대체되어 미래에 사라질 직업 리스트를 검색하면서, 지금까지 꽃길이라고 생각해 왔던 길이 꽃길이 아닐 수도 있다는 불안감에 사로잡혔습니다.

'4차 산업혁명이 이미 빠르게 진행되고 있다는데, 우리 아이는 괜찮을까?'

저는 개인적으로 알파고에게 고마운 마음입니다. 그 전에는 아이의 진로와 입시 그리고 공부에 대한 이야기를 나누면 항상 뻔한 결론으로 마무리되기 일쑤였습니다.

"그래서요, 선생님. '인(in)서울' 가려면 어떻게 해야 하는데요?"

미래 사회의 주역으로 살아갈 아이의 진로에 대해 목이 터져라 이야기를 해도 모든 강의와 상담은 결국 '기-승-전-대학', '기-승-전-성적'이었습니다. 부모님들의 요구가 그러니 저도 상담 내용을 어쩔 수 없이 거기에 맞춰야 했습니다. 그런데 알파고 이후 학부모님과 학생들의 반응이 조금 달라졌습니다.

"선생님 우리 아이는 어떤 직업을 가져야 인공지능이 넘보지 않을까요?"

알파고 이후 인공지능이 내 아이를 위협하는 실질적 경쟁자가 된 것입니다. 당장 좋은 대학에 들어가는 것이 능사가 아니라 앞으로 기계한테 일자리를 빼앗기지 않고 먹고살 수 있으려면 무언가 다른 식의 교육이 필요하다고 조금씩 눈을 뜨기 시작한 것이죠.

2016년 6월 타계한 세계적인 미래학자 앨빈 토플러가 10여 년 전에 '한국 학생들은 학교와 학원에서 미래에 필요하지도 않은 지식과 존재하지도 않을 직업을 위해 하루에 10시간 넘게 낭비하고 있다'고 한 쓴소리도 다시금 주목받았습니다. 앨빈 토플러는 2001년 우리 정부의 의뢰로 〈위기를 넘어서 : 21세기 한국의 비전〉이라는 보고서를 작성했습니다. 그는 그때 이미 공장식 입시 교육이 대한민국의 미래에 가장 큰 걸림돌이 될 것이라고 강하게 주장했습니다. 세계적인 미래학자가 15년 전에 한국을 위해 개혁의 방향을 제시하고 그에 맞는 교육 방법을 알려 줬던 것입니다. 다행히도 뒤늦게나마 우리는 조금씩 눈을 뜨게 되었습니다.

문제는 결국 아이들의 미래입니다. 앞으로도 여전히 예전 방식 그대로 대학 입시를 위한 사교육에만 막대한 시간과 돈을 투입한다면 우리 아이들의 미래는 암울할 수밖에 없습니다. 이제는 교육이 변해야 할 때입니다. 사교육에 맡겨 놓았던 멘토의 역할을 부모가 되찾아 와야 할 때입니다.

2030년의 주역으로 살아갈 아이를 위해
부모가 바꿔야 할 것들

고3인데도 여전히 자신의 진로를 찾지 못해 괴로운 학생이 있었습니다. 학교에서는 전교 등수 상위권에 드는 학생이었습니다. 주기적으로 만나왔는데 어느 날 갑자기 찾아와서 드디어 진로를 찾았다며 기뻐했습니다. 아빠와 상의 끝에 철도대학을 가기로 결정했다는 것입니다. 이유를 묻자 철도청 공무원이 안정적인 일자리이기 때문이라고 대답했습니다. 저는 그 학생과 2030년의 미래 기술에 대해 이야기를 나눴습니다. 테슬라가 개발하고 있는 초고속 열차 '하이퍼루프'와 무인 자동차의 영상을 보여 주었고, 일본 고베에서 무인 전철을 탄 제 경험과 신분당선 무인 전철을 탄 이야기도 해 줬습니다. 또 무인 티켓 발매기에서 스스로 카드를 사서 찍고 들어가는 사람들과 전철역에서 예전처럼 역무원을 많이 볼 수 없게 되었다는 세상 돌아가는 이야기도 자연스럽게 나누었습니다.

"어? 잠깐만요. 그러면 저는 회사에 들어가자마자 명예퇴직 당할 수도 있겠네요?"

"들어가기나 하면 감사하게? 대부분의 인력이 컴퓨터로 대체되고 아예 사람을 안 뽑지 않을까? 차라리 운송 시스템과 프로그램을 만드는 사람이 먹고살 길이 더 나을 거 같지 않니?"

결국 그 학생은 하루 만에 철도청 공무원의 꿈을 접었습니다. 우리 아이들이 경제 활동을 하면서 살아갈 시대는 2030년인데 부모의 인식은 여전히 현시점에서 가장 안정적인 직장에 머물러 있습니다. 한편으로는 그 절실한 마음이 이해되기도 합니다. 자식이 고생하기를 바라는 부모가 어디 있겠습니까. 게다가 요즘같이 끔찍한 취업난은 모두가 공무원 시험만을 바라보게 만듭니다. 그래서 어지러울 정도로 빠르게 변하는 시대에 가장 둔한 분야가 '교육'입니다. 변화에 대한 인식이 가장 느린 학부모가 교육 일선의 교사와 아이들 뒤에 있기 때문입니다. 사실 아이를 바꾸기 위해서는 그 뒤의 부모님들을 먼저 설득해야 합니다.

전국에 강의하러 다니면서 깜짝 놀랄 때가 한두 번이 아닙니다. 부모님들이 세상을 바라보는 눈은 상상을 초월할 정도로 과거에 머물러 있습니다. 학부모와 아이들에게 미래의 희망 직업을 써 보라고 하면 '삼성전자 직원'을 적는 경우가 여전히 많습니다. 정작 삼성그룹은 2030년을 대비해서 '삼성전자'가 아닌 다른 주력산업 후보들을 육성하고 있습니다. 2030년까지 여전히 삼성전자만을 지키기 위한 수성 전략을 고수했다가는 노키아나 소니처럼 몰락하고 말 것을 알기 때문에 선제적인 미래 전략을 수립하고 준비하는 것입니다. 그런데 2030년대를 살아갈 아이들에게 부모들은 여전히 지금 각광받고 남들에게 말하기 좋은 직업으로 진로를 정하게 만드는 것 같아서 안타까운 마음입니다. 심지어 어떤 부모는 아예 시간이 멈춰 계신 분도 있습니다. 100여 년 전 미국에서 포드가 대량생산 방식을 통해 자동차를 만들고 있을 때, 세상 바뀌는 줄 모르고 여전히 자식에게 말 타는 법을 가르치는 우(愚)를 범하는 부모가 대한민국에도 여전히 많습니다.

아이의 미래는 부모가 결코 지금 시점에서 재단해서는 안 됩니다. 자신의 길을 스스로 열어 갈 수 있는 힘, 즉 '아이의 미래력'을 길러 주는 것만으로 부모와 교육의 역할은 충분합니다. 아이를 위해 지금은 부모가 자신의 욕심을 포기해야 할 때입니다. 헬리콥터처럼 아이를 따라다니는 헬리콥터맘이 아니라 등대처럼 제자리를 지키며 아이를 믿고 기다려 주는 등대맘이 되어야 합니다. 그렇게 되기 위해서는 어떻게 해야 할까요? 지금부터 그 이야기를 해 보려고 합니다.

시련에도 굴하지 않는 아이로 키우는 데 필요한 7가지 마스터키

제가 『내 아이의 미래력』을 쓴 이유는 대한민국 학부모님들과 이런 문제의식들을 공유하고 싶었기 때문입니다. 우리는 지금까지 자녀가 살아갈 미래를 상상하고 무엇이 진정한 행복인지를 고민하기보다 당장 눈앞에 보이는 성적 향상에만 급급해 아이를 학원으로 내몰아 왔습니다. 학부모님들께 '왜 그렇게 열심히 공부를 시키느냐'고 종종 물어봅니다. 부모님들의 대답은 한결같이 '불안해서'라고 합니다. 이 불안은 어디서 오는 걸까요? 바로 '예측 불능'과 '통제 불능'으로부터입니다. 부모들은 기존의 일자리가 빠르게 사라져 가고 고용 불안이 확대되면서 내 아이가 한 사람의 성인으로서 자립할 수 있을지에 대한 끊임없는 불안을 갖고 있습니다. 그러면 그럴수록 부모들은 예전의 낡은 가치를 고집하면서 자녀를 더욱 심하게 통제합니다. '남들도 다 하니까' 뒤처지지 않게 하려고, '남들만큼은 시켜야' 부모로서 최소한의 책임은 하는 거니까. 이렇게 스스로에게 면책권을 주면서 눈에 보이지 않는 자신의 불안함을 눈에 보이는 아이의 학력과 학벌로 대체하려는 것이죠. 하지만 아이러니한 것은 이러한 교육 방식이 자녀의 경쟁력 향상에 전혀 도움이 되지 않고 오히려 해를 끼친다는 사실입니다.

그렇다면 자녀의 미래를 위해 부모가 할 수 있는 일은 무엇일까요? 변화하는 세상에서도 중심을 잃지 않고 나아갈 수 있는 근력을 키워 줘야 하지 않을까요? 길이 없는 곳에서 새로운 길을 낼 수 있는 힘을 길러 줘야 하지 않을까요? 앞에서 유대인에 대해 이야기했습니다. 시대가 변해도 항상 앞서나가는 그들만의 비밀 무기가 궁금하다고 말입니다. 이스라엘뿐 아니라 핀란드, 스웨덴 등 우리가 생각하는 교육 선진국의 아이들 또한 불확실한 미래에 노출되어 있기는 마찬가지입니다. 하지만 이들의 교육은 뭔가 다릅니다. 우리처럼 미래를 두려워하지 않고 오히려 현재를 즐기며 차분하게 기다리는 느낌입니다. 소풍을 기다리는 아이처럼요. 미래에 대한 행복하고 뚜렷한 비전이 이 아이들에게는 이미 심어져 있는 것입니다. 과연 무엇이 이들을 이렇게 여유롭게 만들었을까요?

그들의 교육 속에는 미래의 인재를 어떻게 길러 내야 하는지 우리가 대안으로 삼고 따라야 할 모습들이 분명히 있었습니다. 그것은 어느 시대, 어느 사회, 누구에게든지 보편적으로 필요한 '자존감'을 키워 주는 교육입니다. 저는 유대인과 북유럽 교육 선진국들의 교육을 공부하면서 변화하는 세상 속에서도 변하지 않는 불변의 가치, 즉 미래 인재가 갖춰야 할 역량들을 정리해 나갔습니다. 그리고 '아이에게 스스로 미래를 개척할 수 있는 힘을 길러 주기 위해 부모가 준비해야 할 것은 무엇일까?'라고 질문의 방향을 조금 바꿔 보았습니다. 왜냐하면 아이는 부모의 모습을 비춰 보이는 거울이니까요. 아이를 바꾸기 위해서는 부모가 먼저 바뀌어야 하니까요. 그러자 책을 쓰는 내내 7년간의 상담을 통해 만난 수많은 사례들이 접목되면서 하나둘씩 뒤엉킨 실타래가 풀리기 시작했습니다. 그리고 마침내 아이를 자존감 높은 인재로 키우는 일곱 가지 마스터키를 찾아낼 수 있었습니다.

세상은 변화무쌍하지만 '변하지 않는 법칙'에 의해서 변합니다. 아무리 시대가 변해도 '변하지 않는 가치'가 존재한다는 것이죠. 이 변하지 않는 가치는 격변의 시대를 살아갈 아이들에게 굳게 닫힌 문을 열어 주는 '마스터키Master key'와 같습니다. 이 마스터키만 가지고 있다면 세상이 아무리 변해도 우리 아이들은 '열려라 참깨'와 같은 주문을 스스로 찾아낼 수 있을 것입니다. 더 나아가 호숫가의 작은 물결이 파동을 일으켜 호수 전체를 뒤흔들듯, 우리 부모님들이 변화의 주체가 된다면 우리의 교육 문화 역시 서서히 바뀌어 나갈 것입니다.

나 혼자 치열한 경쟁에서 이겨 잘나간다고 해도 '나'를 둘러싼 세계가 엉망이면 결국 '나'도 아프고 더 이상 성장할 수 없습니다. 나는 충분히 경쟁력이 있으니 남들은 어찌 되든 상관없다고 나를 둘러싼 세계에 무관심한 것이야말로 장기적으로 보면 자신을 망치는 길입니다. 미래력을 지닌 아이는 오로지 자기만의 성공을 추구하지 않습니다. 각박한 세상 속에서도 나를 둘러싼 세계에 관심을 가지고 사회에 도움이 되고자 하는 여유가 있습니다. 그런 마음이 그 사회의 정신과 문화를 풍요롭게 만듭니다. 작지만 강하고 고요하지만 영향력 있는 혁신은 이제 미래력을 지닌 우리 아이들 세대로부터 시작될 것입니다. 그리고 지금은 아이를 위해 부모가 먼저 바뀌어야 할 때입니다. 결국 미래를 준비하는 부모의 노력이 우리 아이들의 운명을 결정할 것입니다.

목 차

1장 내 아이는 미래를 살아갈 힘이 있는가?

2 평생 쓸모 있는 공부 능력 키우기

4장 티쿤올람Tikkun olam
세상을 이롭게 하는 가치를 만든다

1 일자리는 줄지만 일거리는 넘쳐 난다

2 어린 시절부터 스스로 가치를 만들어 내는 아이들

3 지금 이 순간에도 수많은 꿈이 꺾여 나간다

9장 부모의 변화가 아이의 미래를 결정한다

1장

내 아이는
미래를
살아갈
힘이 있는가?

1

일자리,
이렇게 달라진다

우리는 이미 인공지능 속에 살고 있다

우리는 이미 기계와 인간, 기계와 기계, 인간과 인간이 연결된 초연결 시대에 살고 있습니다. 정확히 말하면 인공지능과 빅데이터에 둘러싸인 채 '알고리즘'에 의존하여 살고 있습니다. 알고리즘이란 어떤 문제를 해결하기 위한 여러 동작들의 유한한 모임을 뜻합니다. 3차 산업혁명이 컴퓨터를 통한 자동화의 시작이었다면 4차 산업혁명은 소프트 파워를 통한 제품의 지능화를 말합니다. 제품의 지능화란 기계, 제품이 더 이상 인간의 명령을 듣는 것이 아니라 마치 사람처럼 스스로 생각하고 최적의 판단을 내려 작업을 수행하는 것입니다. 만약 우리가 구글에서 건강에 대한 자료를 몇 차례 검색한다면 구글은 다음번에 어김없이 관련 광고를 보여 줍니다. 기계가 사용자의 활동을 분석해서 스스로 생각을 하게 된다니 어찌 보면 무섭기까지 합니다. 하지만 스마트폰이나 컴퓨터에서 우리가 손쉽게 일을 처리하는 것도 이 알고리즘 덕분입니다. 그런데 이 알고리즘이 많아질수록 우리의 일자리는 줄어듭니다. 예를 들어 볼까요? 앱을 통해 예약을 하는 것은 원래는 사람이 해 주던 일입니다. 여행사 직원이 항공권도 알아봐 주고 호텔도 알아봐 주었었죠? 집을 알아보는 앱도 그렇습니다. 과거엔 사람을 통해서만 알아봤습니다. 이런 서비스업 종사자는 앱으로 인해 일자리가 줄어드는 것이 사실입니다. 반면 늘어나는 분야도 있습니다. 이런 서비스나 기술을 새로 만들거나 활용해 새로운 부가가치를 창출하는 신생 벤처기업을 '스타트업start-up'이라고 말합니다. 요즘은 스타트업뿐만 아니라 일반 기업에서도 트렌드에 발 빠르게 대응하고 혁신적인, 스타트업 유형의 사람을 원해 이런 인재의 수요는 갈수록 늘어나고 있습니다. 구직 현장이나 심지어 대입 학생부 종합전형이 원하는 인재상을 통해서도 이 현실은 실감할 수 있습니다.

이처럼 새로운 기술로 인해 새로운 산업과 비즈니스가 탄생하면서 일자리도 달라지고 인재상도 달라졌습니다. 쉽게 말해 시대가 바뀌면 돈 버는 방식이 바뀌고 돈 버는 방식이 바뀌면 교육도 바뀌어야 한다는 겁니다. 그런데 세상이 어떻게 변해 가는지 큰 흐름은 보지 못한 채 여전히 우물 안 개구리 같은 방식으로 자녀를 교육한다면 어떻게 될까요? 이미 산업혁명 시대에 접어들었는데도 기계화에 반대한 영국 노동자들을 양산하는 실수를 범하는 것입니다.

인건비 0원을 향한 기업의 로드맵

과거엔 단순한 업무나 어렵고 위험한 3D 직종에서만 로봇이 일하게 될 것이라고 생각했습니다. 화재 현장에서 소방관을 대신하는 로봇 같은 경우겠죠? 또 '단순한 일'이라는 것은 큰 사고와 기술은 요하지 않는데 근력을 요구하는 일을 말합니다. 최근까지도 인류 역사는 '인간의 근력을 기계로 대체하고 자동화'하면서 경제를 발전시켜 왔다고 해도 과언이 아닙니다. 가정에서도 만약 세탁기가 없다면 얼마나 힘들까요? 여성들은 여전히 가사노동으로 짓눌릴 것입니다. 이처럼 단순하고 힘든 일은 로봇이 하는 것이 당연하다고 생각했습니다. 그런데 이제는 로봇의 활동 영역이 훨씬 넓고 다양해졌습니다.

'세계의 공장'이라 불리는 대만의 폭스콘은 애플의 아이폰과 아이패드 등 전자제품 제조회사로 유명한데요. 2016년 5월 총 11만 명에 달하는 제조 인력 중 6만 명을 로봇으로 대체하기로 했습니다. 5만 명만이 로봇에게 일자리를 빼앗기지 않고 살아남은 것이죠. 폭스콘보다 먼저 로봇을 사용해 물류 시스템을 자동화한 기업도 있습니다. 바로 세계 최대의 온라인 판매회사 아마존입니다. 아마존은 2012년에 키바 시스템을 7억 달러를 주고 사들여 물류 시스템을 자동화했습니다. 키바가 얼마나 빠른지 아시나요? 1시간에 600개의 배송물품을 포장 작업을 맡은 직원에게 가져다 주는데 컨베이어벨트가 옮기는 것보다 4배나 빠른 속도라고 합니다. 물건을 찾아서 가져다 주기만 하는 것이 아니라 배송센터로 들어오는 수많은 제품들을 최적의 장소에 보관하는 작업도 수행합니다. 아마존은 책을 판매하는 작은 온라인 서점에서 이제는 세계 곳곳에 제품을 판매하는 기업으로 성장했습니다. 아마존이 세계적 기업으로 성장할 수 있었던 것은 바로 '자동화' 때문입니다. 이제 아마존은 고객들이 주문한 제품을 '드론'으로 배송할 준비까지 하고 있습니다.

기업들은 왜 '자동화'에 집착할까요? 바로 인건비 때문입니다. 맥도널드 CEO는 인건비가 더 상승하면 로봇을 쓰겠다고 이미 선언했습니다. 맥도날드의 전 세계 인건비는 연간 9조 원이고 햄버거 만드는 로봇으로 이들을 모두 대체하는 데 드는 비용은 34조 원입니다. 다시 말해 4년 후부터는 로봇 설치에 들어간 본전을 뽑고도 남기 때문에 사람보다 로봇이 오히려 기업 입장에서는 이득입니다. 이미 햄버거 만드는 로봇이 개발되었고 실제로 샌프란시스코에서는 로봇이 만드는 햄버거를 맛볼 수 있는 곳도 있습니다. 햄버거뿐 아니라 면을 만드는 로봇도 있습니다. 폭스봇Foxbot은 도삭면 로봇으로 면을 써는 속도가 사람보다 훨씬 빠릅니다. 이 로봇은 중국 산시성 레스토랑인 '대즐링 누들스'에 공급되었습니다. 세계적인 다국적 기업과 대형 프랜차이즈가 로봇으로 인력을 대체할 일은 이제 불 보듯 뻔한 겁니다.

고용 없는 성장, 풍요의 역설

고용 없는 성장, 풍요의 역설이라는 말 들어보셨나요? KBS의 〈명견만리〉 '일자리가 사라진다' 편을 보면 첨단기술의 발달이 오히려 일자리를 없애는 무서운 단면을 보게 됩니다. 애플, 아마존, 페이스북 같은 기업의 시가총액을 합하면 1조 달러가 넘습니다. 그러나 이들 회사에서 일하는 직원은 15만 명이 넘지 않습니다. 2014년 기준, 국내외 임직원 수가 31만 9000명에 달하는 삼성전자의 절반도 되지 않는 것이죠. 실리콘밸리에는 직원이 10명도 채 안 되는데 웬만한 대기업보다 돈을 많이 버는 회사들이 많습니다. 앞으로는 기업이 잘되는 것과 근로자가 잘사는 것은 점점 더 별개의 문제가 될 것입니다. 기업이 잘되어도 근로자들은 늘 그렇듯 전 세계의 인재들과 경쟁해야 하고(특히 고학력 중국인들), 인공지능 로봇은 물론 자동화 시스템과도 경쟁을 해야 합니다. 또 회사에 입사했다고 해도 평생 승진이 불가능한 시대가 와서 만년 대리 만년 과장으로만 지내게 될 수도 있다고 합니다. 연봉은 어느 한계 이상 결코 오르지 않을 테니 회사에 다니는 것 자체를 고맙게 여겨야 한다고 말하는 인사 전문가도 있습니다. 기업들은 인건비 0원을 위해 로봇을 고용하는 일을 망설이지 않을 것이니까요. 다시 말해 아무리 국가 신용등급이 향상되고 우리나라 기업들이 세계에서 인정받는다고 하더라도 개개인의 삶이 안정적이고 풍요로워질 것이라는 보장은 없다는 말입니다. 그러니 풍요의 역설이라는 말이 참 맞습니다. 4차 산업혁명으로 인해 자본주의는 과거보다 더 큰 힘을 발휘할 것입니다. 우리는 이런 환경에서 100년 넘게 살아가야 합니다. 하지만 고용이 없어 일을 못하는데 소득은 도대체 어디로부터 나올 수 있을까요? 그래서 앞으로는 분배의 문제, 복지의 문제를 잘 다루는 정치인에게 표가 많이 갈 것입니다. 노동을 통한 소득이 정체하고 있는 상황에서 분배 말고는 표를 얻을 방법이 없기 때문입니다. 이런 세상의 변화를 직시하지 못한 채 여전히 그저 '좋은 대학만 가면 나중에 다 잘될 거야' 하면서 성적에만 매달린다면 나중에 내 노력이 보상으로 돌아오지 않아 배신감에 치를 떨게 될지도 모릅니다. 당장 안정적으로 보이는 일자리 때문에 성적만이 중요하다고 가르치는 것은 자녀의 미래를 암울하게 만드는 것입니다.

직업의 생로병사를 알면 기회가 보인다

요즘 대한민국 사람들의 머릿속을 사로잡는 최대의 고민은 결국 일자리입니다. 2015년에 대한민국을 방문한 세계적인 미래학자 토머스 프레이는 "2030년까지 20억 개의 일자리가 없어지고 포춘 500대 기업 가운데 절반은 문을 닫을 것"이라고 예측했습니다. 일자리 20억 개는 세계 일자리의 절반에 해당하는 수치입니다. 20억 명이 일자리를 잃는다는 뜻이기도 합니다. 옥스퍼드대학교도 충격적인 연구 결과를 발표했습니다. "2020년까지 200만 개의 직종이 생기고 710만 개의 직종은 사라질 것"이라고 말입니다. 2020년이면 이제 3년 후입니다. 3년 만에 510만 개의 직종이 줄어들 수 있을까요? 옥스퍼드만 이런 발표를 했다면 과장되었다고 여기겠지만 다보스포럼 또한 〈일자리의 미래〉라는 보고서를 통해 "2020년까지 앞으로 5년 동안 인공지능, 로봇, 생명공학 등 미래 기술의 영향으로 일자리 500만 개가 사라질 것"이라고 발표했습니다. 이 수치들을 들으면 숨이 턱 막힙니다. 가뜩이나 지금도 일자리가 없어 대학생뿐만 아니라 중·장년층도 힘든데 앞으로는 어떻게 먹고살라는 것이냐고.

하지만 저는 오히려 희망을 봅니다. 이 수치들을 다시 해석해 보면 앞으로 새로운 직종이 최소한 수백만 개나 더 생깁니다. 인류가 예상했던 시점보다 더 빠르게 기술과 사회가 바뀌고 있습니다. 서서히 바뀌던 역사가 가속도가 붙어 어지러울 지경입니다. 그런데 인류 역사를 보면 여러 차례의 기술 혁명으로 새로운 산업이 등장하고 사회가 바뀌었지만 일자리가 줄어든 적은 한 번도 없었습니다. 그때마다 과거의 직업은 사라졌지만, 그 빈자리는 새로운 직업으로 채워졌습니다. 그런데 왜 세계 유수 연구기관에서는 이런 수치를 발표하는 것일까요? 우리를 겁주고 불안하게 만들려고 하는 것일까요? 아닙니다. 새로운 일자리 수백만 개가 어떤 타이밍에 어떤 형태로 등장할지 구체적으로 짚어 줄 수는 없지만 '미래는 위기가 아니라 준비하는 자에게는 기회'라는 것을 알려 주려는 것입니다.

아무리 어려운 시대에도 기회를 잡아 오히려 크게 성공한 사람은 늘 있어 왔다는 것을 우리는 역사를 통해 잘 알고 있습니다. 혁신적이고 도전적인 사람들은 기술 발전이 가져다주는 이 같은 기회들을 잡아서 새로운 개념의 회사를 설립하고 새로운 비즈니스 모델을 만들어 냈습니다. 애플, 아마존, 페이스북, 테슬라, 우버, 에어비앤비 등을 만든 사람들이 그렇습니다. 물론 모두가 이런 성공을 할 수는 없습니다. 하지만 극소수의 사람들이 세상을 바꿀 때 상위 10%의 사람들은 그 가능성을 남들보다 먼저 보고 합류하거나 투자합니다. 우리 아이들에게 필요한 것은 바로 이런 미래력입니다.

미래의 인류와 세계가 어떤 모습으로 변할지 궁금증과 두려움이 공존합니다. 분명한 것은 지금과는 전혀 다른 새로운 미래가 펼쳐질 것이라는 사실입니다. 지금 우리 아이들은 갈림길에 서 있습니다. 변화의 불확실함으로 인해 두려움과 염려가 이끄는 삶을 살지, 오히려 더 큰 희망을 가지고 기회를 움켜쥘지는 전적으로 학부모님의 가치관에 달려 있습니다. 변화가 두려워 이미 안정적이라고 여겨지는 좁은 문 앞에 달려들어 서로 피 튀기는 싸움만 할 것인지, 아니면 미래의 가능성에 도전해서 자기만의 새로운 판을 짤지 이제 부모님과 아이 스스로 선택할 때입니다.

2

교육,
이렇게 달라진다

내 아이 앞길을 가장 방해하는 것은?

학원과 과외로 일주일이 꽉 찬 학생이 있었습니다. 오후 4시~5시쯤 학교 수업이 끝나면 학교에서 자율학습을 하고 주말에도 학원에 가고 과외를 하는 그런 아이였죠. 평균 수면 시간이 4시간 정도인 것 같았습니다. 수행평가에 과제까지 있을 때는 잠 잘 시간이 더 없었고요. 그런데 안타깝게도 이렇게 열심히 사는 데 '성적이' 낮았습니다. 이 학생의 가장 큰 문제는 바로 마음 안에 '평안'이 없다는 것이었습니다. 열심히 쫓아다니며 배우는 시간만 많았지 배운 것을 차분하게 자기 것으로 소화시키는 시간이 부족했습니다.

"과외나 학원을 줄여 보지 않겠니?"

"불안해서 못 끊겠어요."

무분별한 사교육의 근본적인 원인은 불안함입니다. 이마저도 하지 않으면 성적이 더 떨어질 것이라는 생각이 머리 속에 프로그래밍되어 있는 것입니다. 부정의 믿음이 때로는 더 견고합니다.

그래도 다행인 것은 이 아이에게는 꿈이 있었습니다. 교회에서 봉사 활동을 하면서 자신이 아이들을 즐겁게 잘 돌본다는 것을 깨닫고 유치원 교사의 꿈이 생긴 것이었죠. 그런데 성적은 그리 좋지 않았습니다. 저를 찾아온 이유도 수능 모의고사를 보고 정시보다는 수시모집 전형에 응시하는 게 유리할 것 같아서 전반적인 도움을 받으려 면담을 신청한 것이었습니다.

"저는 솔직히 지방 전문대여도 유아교육과만 들어가면 상관없어요. 외국에 나가서 다양한 유아교육 기관을 탐방하면서 경험도 쌓고 싶고 여행도 많이 하고 싶어요."

"정말 그 일을 하고 싶구나."

저는 학생의 이 한마디에 안심이 되었습니다. 지금 당장은 성적이 낮아도 본인이 하고 싶은 것이 분명한 아이들이 목표를 이룰 가능성이 더 높기 때문입니다. 그런데 엄마는 아니었나 봅니다. 아이가 서울에 있는 4년제 유아교육과를 꼭 가야만 하는 것 같았습니다. 그래야 체면이 선다고 했습니다. 나중에는 조용히 제게 따로 연락해 유아 보육 교사에 대한 처우도 좋지 않고 출산율도 낮아 유아 교사가 유망할 것 같지 않으니 차라리 사회복지사로 잘 유도해서 꿈을 바꿔 줄 수 없냐고 물었습니다. 꿈은 부모님을 비롯한 그 누가 강제로 주입하는 것이 아님을 여전히 모르는 것 같아 마음이 아팠습니다.

자녀 진로 탐색의 가장 큰 방해꾼은 누구일까요? 부모입니다. 이 세상에서 자녀를 가장 사랑하는 사람은 누구일까요? 역시 부모입니다. 사랑하기 때문에 방해를 하는 이 아이러니를 어떻게 해야 할까요? 사랑하기 때문에 버려야 할 아까운 것들이 있습니다. 사랑하기 때문에 더 잘되라고 관여하는 것인데 때로는 그게 독이 될 때가 있는 것 같기도 합니다.

로봇보다 못한 인재로 전락하지 않으려면

2030년이면 지금 초·중·고 아이들이 한창 경제 활동을 시작할 나이입니다. 이 이야기를 들으면 지금 40대 이상은 감히 상상조차 되지 않을 것입니다. KT경제경영연구소는 〈인공지능, 완성이 되다〉라는 보고서에서 2030년에는 국내 인공지능 시장 규모가 27조 5000억 원에 달할 것이라고 예측했습니다. 직종도 경비, 보안 분야부터 헬스 케어, 통번역, 교육, 간호까지 곳곳으로 확산될 것이라고 합니다. 영화 속에서만 보던 미래가 생각보다 일찍 이미 우리 곁에서 진행되고 있습니다. 그런데 과연, 누가 기계만큼 지치지 않고 근면 성실할 수 있을까요? 누가 기계만큼 정확할 수 있을까요? 누가 기계만큼 감정에 치우치지 않을 수 있을까요? 누가 기계만큼 신속할 수 있을까요? 누가 기계처럼 분석할 수 있을까요? 결국 육체적 물리적으로만 보면 사람은 모든 것이 기계에 못 미칩니다. 근면 성실하고 정확한 기계는 쉽게 피로하고 스트레스 받고 감정에 치우쳐 잘못된 판단을 내리는 인간보다 나을 것입니다. 단순하게만 보면 우리는 결코 기계를 이길 수 없습니다. 이 같은 기술 발달이 우리 아이의 미래에, 나에게 어떤 영향을 미칠까요?

한국과학기술기획평가원의 차두원 박사는 미래의 직업이 크게 세 가지로 분류될 것이라고 했습니다.

"첫째는 로봇과 인공지능을 개발하는 사람,

둘째는 로봇과 인공지능에 의해 작업 지시를 받는 사람,

셋째는 로봇과 인공지능에 그 작업을 지시하는 사람입니다."

우리 아이들은 이제 살다 살다 기계와 경쟁하게까지 생겼습니다. 지금까지는 다른 친구들보다 조금 더 높은 점수를 받기 위해 발버둥 쳤는데 이제는 기계보다 못한 존재가 될까 봐 걱정해야 하는 시대가 되었습니다. 우리나라 교육의 거대한 약점! 그것은 인공지능으로 쉽게 대체될 인력을 대량생산하고 있다는 것입니다. 현재 우리 교육은 수리와 언어 능력을 높이는 데 대부분의 시간과 비용을 투자하고 있는데, 이 분야야말로 인공지능이 인간보다 뛰어난 유일한 기능입니다. 심지어 대한민국은 지금껏 이 능력을 평가하려고 입시 시스템을 구축해 왔습니다. 그러나 20년 동안 오직 대학 입시만을 향해 주입 암기식 공부에 매달리고, 대학에서는 '스펙 쌓

기'에 매진하는 현재의 방식으로는 이 거대한 변화의 물결을 헤쳐 나갈 수 없습니다.

이제는 기계와 경쟁하는 공부를 그만두고 기계를 활용하는 공부를 해야 합니다. 지금까지는 옆에 있는 친구가 경쟁 상대였습니다. 그래서 경쟁 상대인 친구보다 잘하는 것이 목표였습니다. 그러나 앞으로는 고민을 바꿔야 합니다. 박순서 기자가 쓴 『공부하는 기계들이 온다』에 따르자면 이런 질문이 필요합니다.

"24시간 일하고 공부하는 인공지능보다 내가 잘하는 것이 무엇일까? 그리고 어떻게 하면 인공지능을 잘 활용해 나의 잠재력과 행복을 극대화할 수 있을까?"

앞으로 우리 아이들은 인공지능보다 앞선 고차원적인 역량을 필요로 합니다. 과거에 필요했던 인재가 '지식 노동자'였다면 앞으로는 '인사이트 노동자Insight Worker'가 필요합니다. 인사이트 노동자는 보스턴컨설팅그룹의 리치 레서가 새로운 미래 노동자로 제시한 개념입니다. 인사이트 노동자는 인공지능보다 높은 통찰력을 가져야 합니다. 기존에 배운 지식으로 단순히 주어진 일과 문제를 해결하는 수준이 아니라 스스로 해결해야 할 문제를 발견하며 그 문제를 해결할 수 있는 창의적인 과정과 방법을 구체적으로 설계해야 합니다. 배운 대로 문제를 해결하는 것은 이미 기존의 지식과 데이터가 입력되어진 인공지능이 훨씬 더 잘하기 때문입니다.

이제 의사는 환자의 병을 초기에 진단할 때 인공지능 로봇 왓슨의 도움을 받을 것입니다. 히포크라테스 선서를 하고 사람을 살리는 의사로서의 '업業의 본질'은 그대로지만 업의 방식은 바뀝니다. 마찬가지로 이제 법조인도 인공지능을 자유자재로 다루며 대량의 판례를 섭렵하고 분석·처리해 결정을 내릴 것입니다. 그러니 교육이 바뀌어야 한다는 것입니다. 업의 본질을 키워 주는 교육을 해야지 왜 인공지능인 왓슨이 해야 하는 일을 무려 20년 동안 교육하고 있냐는 것입니다. 지식 암기, 계산 이런 일은 이제 인공지능에게 시키고 인공지능이 데이터를 뽑아 오면 이것을 어떻게 활용할지 문제를 발견하고 해결하는 능력을 키워 줘야 할 때입니다.

이제 대학은 누구나 들어간다

수명 연장과 과학기술의 발달로 요즘 아이들은 평생 10개 이상의 직업을 갖게 될 것이라 예측합니다. 자고 일어나면 새로운 정보와 기술이 생기기 때문이죠. 그와 관련된 일자리도 빠른 속도로 생겨나고 있습니다. 앞으로 어느 분야의 전문가로 활동하기 위해서는 4년마다 완전히 새로운 내용을 학습해야 한다는 분석도 있습니다. 대학 때 배운 지식 대부분은 졸업도 하기 전에 이미 낡은 지식이 되어 쓸모가 없어진다는 말입니다. 가능한 한 빨리 새로운 지식과 기술을 배워야 하는데 이 속도에 적절하게 대응하는 것이 참 어렵습니다.

지금 아이들이 자라서 본격적으로 경제활동을 시작하는 시대에는 정보를 처리하는 속도와 양이 엄청나게 빠르고 더욱 방대해질 것입니다. 그리고 아마도 대부분의 정보와 지식이 공짜일 것입니다. 과거에는 대학에서 지식과 정보를 얻었다면 이제는 곳곳에서 대학에서 얻을 수 있는 고급 지식과 정보를 얻을 수 있는 시대가 되었습니다. 대학의 절대적인 희소가치가 점점 떨어지고 있다는 말입니다. 대학의 권위와 역할은 이미 전 세계적으로 변화되고 있습니다.

그렇다면 우리나라는 어떨까요? 대한민국 부모들이 성공을 위해 꼭 가야 한다고 집착하는 대학. 이제 곧 누구나 대학에 들어가는 시기가 다가옵니다. 2016년은 대입 정원이 52만 명, 수험생은 64만 명이어서 경쟁률이 1.23 대 1이었습니다. 4년제는 1.91 대 1이었고요. 그런데 2021년이면 고3 학생 수가 40만 명으로 떨어지고, 4년제 대학 경쟁률은 1 대 1, 2025년엔 0.96 대 1이 됩니다. 10년 내 모든 수험생이 4년제 대학에 들어가도 자리가 남는다는 얘기입니다. 모두 가고 싶어 하는 '인in 서울' 대학도 마찬가지입니다. 모든 수험생이 서울 4년제 대학에 지원해도 2020년엔 6.73 대 1, 수도권으로 넓히면 4.14 대 1로 경쟁률이 떨어집니다. 실제로는 전국적으로 지원이 분산될 테니까 경쟁률은 훨씬 낮아질 것입니다.

"일단 좋은 대학에만 들어가. 그러면 너 하고 싶은 대로 다 하고 살 수 있어."

이런 거짓말이 통하던 시대가 있었습니다. '좋은 대학 = 성공'의 법칙이 통하던 시대는 전 세계 경제가 호황을 누리던 시대였습니다. 그러나 이제 우리나라뿐만 아니라 전 세계는 고학력자들이 넘쳐 나는 '인재 공급 과잉'의 시대입니다. 이미 우리는 좋은 학벌이 직장과 직업을 보장해 주지 못한다는 것을 처절하게 실감하고 있습니다.

변화될 대학의 모습

양질의 대학 교육을 무료로 제공하는 '코세라(www.coursera.org)' 같은 MOOC(Massive Open Online Course, 온라인 공개 수업)의 등장은 대학의 역할 변화를 독촉하고 있습니다. MOOC 대학 중 하나인 미국 유다시티Udacity는 구글 · AT&T · 아마존 · 페이스북 등 글로벌 기업과 손잡고 나노 학위Nano degree 과정을 만드는 중이고 미국의 미래학 연구기관인 다빈치 연구소는 3개월 과정의 마이크로칼리지micro-colledge라는 실험적 교육 모델을 내놓았습니다. 미국은 이제 미네르바 스쿨Minerva School이 나와 온라인 대학 시대의 혁신 모델을 제시하고 있습니다. 미네르바 스쿨은 기존 대학의 개념을 교육 소비자 중심으로 완전하게 혁신한 대학계의 스타트업입니다. 교수진은 세계적인 석학들로 구성되고 수업은 온라인으로 전 세계 현장을 누비면서 토론식 강의를 합니다. 또 다른 특징은 캠퍼스가 없고, 오로지 기숙사만 있다는 점입니다. 전 세계에 8개의 기숙사가 있어서 매 학기별로 각기 다른 나라에서 기숙사 생활을 합니다. 여러 나라의 기숙사 생활을 통하여 각 나라의 문화 등을 몸소 체험하면서 자연스럽게 견문을 넓히고 배움의 즐거움을 지속시킬 수 있습니다. 현재 이 스쿨은 하버드대학보다도 더 들어가기가 어려울 정도로 인기가 높다고 합니다.

이제 수준 높은 교육을 언제 어디서나 무료로 받을 수 있는 고등 교육 모델이 나타나면서 전 세계 대학 교육의 패러다임이 바뀌고 있습니다. 우리는 하버드 · 스탠퍼드 · MIT 같은 세계 최고 명문 대들이 이러한 변화에 앞장서고 있다는 점에 주목해야 합니다.

이처럼 대학이 완전히 사라지지는 않겠지만 역할과 권위는 크게 변화될 것입니다. 전통적인 관점의 캠퍼스는 없지만 실제 역량 강화의 프로젝트 교육과 같은 '경험 중심의 교육'이 가능하도록 학생 개개인의 역량을 강화해 주는 커리큘럼을 설계하고 이 과정이 잘 되도록 관리하는 역할을 할 것입니다. 정보 통신 기술의 발전으로 부문간 경계가 무너지고 있는 만큼 대학과 산업 현장도 더 가까워지고 있습니다. 그러면 자연스럽게 캠퍼스의 경계가 없이 인터넷 기반으로 다양한 오픈 지식을 배우고 산업 현장에서 실습을 하는 인턴제가 많아질 것입니다. 홍콩과학기술대학도 텐센트, 화웨이 등의 첨단 기업이 대학 근처인 선진으로 와서 산학 협력을 이루고 있다고 합니다.

어떤가요? 2020년 이후에는 교육도 오직 최고의 서비스를 제공해 주는 곳만이 살아남습니다. 미래 사회에서 교육이 줄 수 있는 최고 서비스는 바로 '배움의 즐거움과 변화하는 시대에 살아남을 수 있는 경쟁력을 지속적으로 공급해 주느냐'입니다. 이제 학벌에 대한 집착은 버리고 우리 아이에게 실속 있는 배움이 무엇인지 진지하게 살펴야 할 때입니다.

미래 사회가 필요로 하는 인재의 유형

학창 시절 교실 정면에 적힌 교훈을 기억하시나요? 저는 여중 여고를 나왔는데 기억에 남는 게 '진선미眞善美'입니다. 전국의 여중 여고에 넘쳐 나는 교훈일 것입니다. 30대 이상 세대의 학창 시절 교훈은 거의 '성실' '인내' '노력' '근면' '전인교육' 뭐 이런 것들입니다. 지금 보아 하니 모두 성실한 사회인이 되기 위한 것들입니다. 이 당시 성공의 기준은 공부 잘해서 좋은 대학 가고 좋은 직장 들어가서 정년을 맞이하고, 은퇴해서 20년 정도 여행 다니며 손자 손녀 보고 편안히 사는 것. 이런 식으로 진행되면 참 무난하고 성공적인 삶이었습니다. 이런 세상에서는 당연히 근면 성실하고 시험 점수가 잘 나오는 게 실력이었습니다.

그런데 세상이 많이 바뀌었습니다. 2030년을 살아갈 아이에게 필요한 것은 이제 시험 성적이 아니라 '역량'입니다. 역량은 '무언가를 해낼 수 있는 힘'을 의미합니다. 저는 미래력을 미래 역량, 즉 '미래 사회를 살아갈 힘'이라고 정의하고 싶습니다. 『유엔미래보고서 2050』에는 미래의 교육에 대해 "시험은 사라지지만 교육은 평생 동안 계속되며, 국·영·수로 대표되는 전통 수업 과정 대신 소통, 창의성, 분석력, 협업을 배운다"고 나와 있습니다. 마이크로소프트는 두 개를 더 추가해 총 6가지로 선정하였는데요. ①글로벌 의식 ②협업 ③지식 구성력 ④커뮤니케이션 능력 ⑤문제 해결력과 창의성 ⑥자기 조절력과 책임감이 학습자들이 갖추어야 할 역량이라고 제시합니다.

OECD는 생애에 걸쳐 청소년과 성인이 필수적으로 갖추어야 하는 핵심 역량 및 능력요인을 분석하여 DeSeCo^{Defining and Selecting Key Competencies} 프로젝트를 진행하고 있습니다. 이 핵심 역량은 지적 도구 활용, 사회적 상호 작용, 자율적 행동입니다.

우리 아이들은 미래 사회가 요구하는 역량을 가진 미래형 인재인가요? 우리는 이러한 역량을 아이들에게 키워 주기 위해 어떤 노력을 하고 있나요? 지금까지 거창하게 미래 인재 개념들을 여기저기서 가져다가 설명했습니다. 하지만 제가 생각하는 미래 인재는 자기가 좋아하는 일을 찾고, 그 일을 하기 위해 배움이 필요함을 알고, 배우는 즐거움을 스스로 찾아 지속하는 사람입니다. 그래서 '최고 버전의 나'로 계속 성장해 가면서 공동체에 기여하는 사람입니다.

DeSeCo 프로젝트	**'지적 도구 활용' 역량**	개인이 세상과 적극적으로 대화하고 개인의 목적에 맞게 변화를 유도하며 기술 변화에 적응하기 위한 도구로서 언어, 상징, 지식과 정보, 기술 등을 사용할 수 있는 힘
	'사회적 상호 작용' 역량	다원화된 사회에서 타인과 공감하고 연대하며 살아가기 위하여 타인과 관계를 원만하게 맺고 협력하여 일할 수 있으며 갈등을 관리·해결할 수 있는 힘
	'자율적 행동' 역량	자신의 생애를 관리하고 확대된 사회적 맥락 속에서 자리매김하며 자율적으로 생활할 수 있기 위하여, 보다 큰 맥락에서 행동하고 생애 계획을 수립 및 실천하며 권리와 이익의 한계를 알고 요구할 수 있는 힘

더 이상 개천에서 용은 나올 수 없는가

저는 감사하게도 공교육과 사교육 두 영역을 넘나들며 일하고 있습니다. 그래서 대치동, 목동, 분당 등 학군이 좋다고 소문난 지역부터 강원도 산골 분교와 전남의 섬마을까지 대한민국 곳곳을 다니며 학부모와 학생들을 만나 봤습니다. 그리고 다양한 사람들을 경험하면서 이런 질문을 하게 되었습니다.

교육은 계층 이동을 가능하게 만드는가?
교육은 모두에게 기회와 희망을 주는가?
경제력은 교육에서 어떤 변수인가?

역사적으로 교육은 신분 상승을 위한 수단으로 사용되어 왔습니다. 특히 우리나라가 그렇습니다. 하지만 요즘은 다릅니다. 성공의 유일한 도구로 믿어 왔던 교육이 성공은커녕 기본적인 생계 유지마저 보장을 못 해 줘서 교육에 대한 배신감과 불만이 이만저만이 아닙니다. 그렇다면 미래에는 어떻게 될까요? 미래 사회에서 교육은 계층 이동 수단의 역할을 할 수 있을까요?

교육 자체가 계층 이동의 변수는 아닐 것입니다. 누구나 쉽게 대학에 들어가는 시대에 학벌은 큰 의미가 없습니다. 앞으로는 어느 대학을 나왔느냐가 아니라 얼마나 창의적이냐가 성공을 좌우할 것입니다. 즉, 창의적인 아이디어가 미래 사람들의 '계층'을 변화시킬 것입니다. 미국 경제학자이자 사회학자인 리처드 플로리다 교수는 21세기에 일어날 사회 변화를 예측하면서 21세기에는 빈곤층, 중산층, 상류층, 그리고 그 위에 '창조층Creative Class'이라는 새로운 계층이 떠오를 것이라고 주장했습니다. 창조층이 미래 경제의 중요한 원동력이라고 보는 사람은 비단 플로리다 교수만이 아닙니다. 지칭하는 용어가 달라서 그렇지 많은 학자가 비슷한 이론을 주장하고 있습니다. 그중 한 명이 『존 호킨스 창조 경제』의 저자 존 호킨스입니다. 호킨스 교수 또한 미래에는 창의적인 아이디어를 갖고 있는 사람이라면 누구든지 돈을 벌 수 있는 시대가 온다고 주장합니다. 상류층도 상류층인데 상류층보다 더 높은 계층이 있다니 정신이 번쩍 들지 않나요?

2015년 경제 전문지 블룸버그가 선정한 세계 부호 1위부터 10위까지는 모두 자수성가형 인물입니다. 자산 50조 원의 세계 부호 8위인 마크 저커버그. 그의 부모님은 저커버그가 치과의사가 되기를 원했지만 그는 자신의 관심사였던 소프트웨어 프로그램 창작 및 개발에 열정적으로 매진했습니다. 하버드대학교 심리학과 중퇴후 친구들끼리 자신들의 일상을 인터넷에 올리고 서로 공유하는 더 페이스북The Facebook을 만들었고 거액의 인수 제안도 거절하고 꾸준하게 페이스북의 초기 모델인 더 페이스북을 발전시켜 나갔습니다. 20대 초반에 맨손으로 창업해 만 32세에 전 세계 5억 명의 회원을 보유한 세계적인 소셜네트워크 기업을 일궈 낸 것이죠. 마크 저커버그는 매년 새해에 자신의 페이스북에 한 해 목표를 적습니다. 2016년 1월 초에는 영화 아이언맨에 나오는 '자비스(Jarvis)' 같은 인공지능 비서를 만들겠다고 적었고 실제로 2016년 12월에 자비스를 공개했습니다. 저커버그는 돈이 목적이 아니라 비전을 위해 일한다고 말합니다. 정말 자신의 일을 사랑하고 즐기는 '창조충'인 것이죠. 그래서 미국은 마크 저커버그 같은 '창조충'이 더욱 많아지도록 창의성과 창조성을 끌어 내는 방식으로 교육을 재편성했습니다. 창조충만이 경제, 과학, 문화 등 사회 여러 분야에서 미국이 재도약할 수 있도록 만드는 원동력이라 믿기 때문입니다.

마크 저커버그뿐만이 아닙니다. 빌 게이츠, 래리 앨리슨, 스티브 잡스, 리처드 브랜슨 등은 모두 자신이 원하는 일을 시도하려고 학교를 그만두었습니다. 이제 대학과 기업은 창조적이고 개혁적인 아이디어를 가진 인재를 서로 끌어가려고 난리입니다. 이제 학벌과 스펙보다 창의적인 아이디어와 그 아이디어를 실현하는 실천력이 중요한 시대가 되었습니다. 학교는 필요한 교육을 받기 위해 다니는 것이지 졸업장을 따러 다니는 곳이 아니며 더 이상 성공의 도구가 아니라는 것. 미래는 상상력과 창의성이 부를 가져온다는 것. 따라서 자녀의 성공을 바란다면 지금부터 미래력과 창의력을 키워 줘야 한다고 말하고 싶습니다.

금수저 대신 '마스터키'를 쥐어 주라

그렇다면 우리나라는 어떨까요? 대한민국을 강타한 계급 이론이 있습니다. 바로 '수저 계급론'입니다. 개인의 노력보다는 부모로부터 물려받은 부에 따라 삶의 계급이 나뉜다는 자조 섞인 신조어입니다. 우리는 여전히 사라질 것에 집착하면서 서로 물어뜯는 경쟁을 하고 있습니다. 지금 눈앞에 좁은 길과 넓은 길이 있습니다. 좁은 길은 참 힘들어 보입니다. 하지만 점점 넓어집니다. 왜냐면 경쟁자가 없기 때문입니다. 하지만 넓은 길은 갈수록 좁은 길이 됩니다. 왜냐면 경쟁자가 너무 많고 치열해서 '나의 길'이 점점 좁아지기 때문입니다. 그렇다면 왜 우리는 사라질 것에 집착하고 모두가 넓은 길만을 선택해서 결국 궁지에 몰리는 것일까요? 그것은 바로 미래 사회를 살아갈 힘, '미래력'이 없기 때문입니다. 미래력은 나를 깊이 있게 바라보는 현미경과 세상을 통찰하는 망원경을 동시에 사용해야 하는 능력입니다. 미래 연구는 학자들만 하는 것이 아닙니다. 그렇다고 점쟁이를 찾아가 점을 치는 '예언'도 아닙니다. 최윤식 아시아미래인재연구소 소장은 이렇게 말합니다.

"미래를 아는 것은 변화의 흐름을 아는 것이다. 시대 변화의 방향을 분별하고 변화의 의미를 깨닫는 것이다. 시대를 분별하면 나가야 할 방향과 해법을 찾을 수 있다."

대한민국 교육과 학부모가 변하지 않는 한 더 이상 개천에서 용은 나올 수 없을 것입니다. 하지만 대한민국이 '창조층'을 육성하는 새로운 교육을 한다면 각각의 크고 작은 분야에서 '용'은 날아오를 것입니다. 그 창조층 육성을 위해 학부모는 금수저가 아닌 변화에 대응할 수 있는 '마스터키'를 자녀에게 쥐어 줘야 할 것입니다.

이제 본격적으로 아이가 자신의 미래를 스스로 헤쳐 나갈 역량을 길러 주는 7가지 마스터키를 하나씩 살펴보기로 하겠습니다.

2장

운명애
Amor Fati

**나의 철학과 역사는
내가 만들어 나간다**

<u>1</u>

자기만의 철학과 힘이 있는 아이는 어떤 환경도 이겨 낸다

아이들이 직접 미래를 그리게 하라

강연이 있어 KTX를 타고 지방에 내려가던 중이었습니다. 제 옆에는 30대 후반에서 40대 초반으로 보이는 여성 세 분이 타고 있었습니다. 본의 아니게 세 분의 대화를 듣게 되었죠. 그 대화는 놀랍기 그지없었습니다. 순식간에 자녀 인생에 대한 '집단지성'이 형성되었기 때문입니다. 세 여성은 결국 KTX 안에서 자녀들의 인생길을 정한 것 같았습니다. '어떤 학원이 좋고, 어떤 고등학교에 가야 하고, 어떤 대학에 가야 한다'부터 직업은 반드시 교사, 공무원,

의사나 간호사 중에서 선택해야 하는 것 같았습니다. 더 재미있는 것은 간호사가 되더라도 어떻게 해서든지 '간호직 공무원'을 해야 한다는 말이었습니다. 어떤 직업이든 공무원으로 슬며시 길을 유도하시는 기발한 능력에 깜짝 놀랐습니다. 자녀가 의사가 되길 바라는 엄마는 아이를 국제중, 과학고, 의대로 보낼 것이라고 마음에 계획을 세우셨습니다. 그런데 세 어머니가 공통적으로 훈훈하게 마무리하는 말이 있었습니다.

"난 우리 아이가 정말 행복했으면 좋겠어."

이 세 분의 대화를 들으면서 저도 모르게 마음이 안타깝고 짠했습니다. 주입식 교육도 문제지만 더 큰 문제는 사회와 어른들이 가진 견고한 주입식 인생관과 주입식 꿈이라는 것을 실감했습니다. '이렇게 살아라' 하고 일방적으로 정해 버리는 그 견고함이 우리 아이들의 미래를 망치고 있다는 것을 정작 본인들은 모르시는 것 같아 더 속상했습니다.

부모 상담을 하다 보면 대부분 부모들은 자녀에게 꿈이 없다고 푸념합니다. 하지만 아이러니하게도 아이의 꿈을 빼앗은 주범이 부모인 경우를 많이 봅니다. 정작 아이가 꿈을 이야기하면 "그런 직업은 돈도 못 벌고 힘들다"라며 묵살해 버리거나, 부모가 원하는 꿈을 주입시킵니다. 어린 시절부터 돈이 되는 직업, 명예가 있는 직업으로 아이의 꿈을 재단해 버리고, 아이의 적성이나 소질은 고려하지도 않습니다. 아이의 꿈을 무시하는 것은 아이의 인격을 무시하는 것과 다름없는데 어린 시절부터 이런 거부를 당하면 중·고등학교 때는 아예 꿈이 사라져 버립니다.

　신학기가 되면 중·고등학교에서 강연을 많이 합니다. 아이들은 내신 1등급, 전교 1등, 전 과목 90점 이상 등의 당찬 계획을 세웁니다. 하지만 제가 '왜 좋은 성적을 받아야 하는지'를 물어보면 진솔하게 대답하는 아이는 정말 드뭅니다. 대학생이 되어서도 별 다를 바가 없습니다. 자기소개서에 쓸 한 줄이 아니라 자기 인생의 이유와 의미를 찾는 노력을 끊임없이 하는 학생, 치열하게 생각하고 또 생각하는 학생이 드뭅니다. 그보다는 내가 어떤 사람인지 모르면서, 무조건 공부 잘하고 돈 많이 벌어서 성공하려고 하는 학생들을 많이 봅니다. 이 친구들은 항상 부모님의 꿈 아니면 남들이 나를 어떻게 보는지에 민감합니다. 남들이 보기에 최소한의 구색은 갖춘 삶을 살아야 할 것 같아서 정말 자신이 원하는 것도 모른 채 자기가 자기를 속이기까지 합니다. 이렇게 진정한 자기를 마주하는 시간을 갖지 못한 채 그저 공부만 열심히 하는 학생들은 언젠가는 곪아 터지게 마련입니다. 인간은 사회적 동물이기에 자신이 살아가는 사회 속에서 형성되는 사회적 평판을 결코 무시할 수 없습니다. 하지만 이것들이 자신의 절대적인 기준이 되어서는 안 됩니다. 이러한 압력에 굴복해서 꿈을 박탈당한 아이들은 불행합니다. 공부 잘하는 아이로 키우는 것은 어렵습니다. 그런데 자기가 무슨 일을 좋아하는지 어떨 때 행복한지 아는 아이로 키우는 것은 더 어렵습니다. 급변하다 못해 한 치 앞도 보이지 않는 혼돈과 저성장의 시대에 자기 인생을 살아갈 자신만의 철학과 힘이 없다면, 결국 그 아이는 평생 세상의 시선이라는 '갑'질에 휘둘리는 '을'이 될 것입니다.

모두가 승리하는 인생, 자기실현

경쟁 위주의 20세기는 '남들이 부러워하는 나'를 만드는 시대였기에 교육이 내세웠던 이상적인 인간상도 '너는 이렇게 되어야만 한다'였습니다. 하지만 21세기에는 '내 마음에 드는 나'에 대한 감각이 뛰어나야 합니다. 그래서 '너는 있는 그대로의 네 자신을 키워 갈 수 있다'로 교육이 바뀌어야 합니다. 그런데 대한민국은 여전히 고만고만한 사람으로 만드는 교육에 목숨을 걸고 있습니다. 앞으로 아이들은 외우기는 칩으로, 시험은 인터넷으로 칠 것입니다. 외국어 통번역, 법과 행정 서비스와 세무, 회계, 금융 모든 것을 인공지능이 해 줍니다. 경험 학위가 중요해지기 때문에 초등학생도 마음만 먹으면 실무 인턴을 할 수 있게 되는 시대입니다. 이런 세대에게 어떤 교육을 시켜야 할까요?

바로 자신의 인생을 사랑하고 성취해 나가는 힘의 기본인 '나 공부'입니다. 자신이 어떤 존재이고 무엇을 잘하고 좋아하는지 본인의 재능, 기술에 초점을 맞추어야 합니다. 그래서 진정한 자기이해와 자기성찰 능력이 필요합니다. 이런 능력이 있어야 어떤 상황에서도 흔들리지 않는 자기만의 축을 유지할 수 있고 대량실업과 국경을 뛰어넘는 초경쟁 사회 속에서도 행복할 확률이 높아집니다.

유대인의 교육이 대단하다고 하는데 왜 대단하다고 하는 걸까요? 전 세계에서 노벨상 수상자를 가장 많이 배출해서도, 전 세계를 변화시킨 영향력 있는 인물들과 부유한 사람이 많이 나와서도 아닙니다. 이들의 교육이 탁월한 이유는 바로 '낙오자를 만들지 않기' 때문입니다. 유대인 교육이 추구하는 목적은 '모두를 승자로 만드는 것'입니다. 질문이 100개가 있으면 답도 100개가 있다고 생각하는 민족이기에 100명의 인생길이 모두 달라야 한다고 믿습니다. 유대인은 모두가 한 곳만 바라보고 같은 곳으로 가면 망한다고 믿습니다. 그러니 경쟁할 필요가 없습니다. 남과의 경쟁에서 이기는 게 중요한 게 아니라 신이 부여하신 최고 버전의 나를 찾는 인생을 잘 살아가는 게 중요한 것입니다. 그래서 유대인 어머니는 자식 간에 비교를 하지 않습니다. 교육은 각자 고유의 길을 가기 위해 잠재력을 최대한 끌어내 주면 된다고 여기기 때문입니다. 그래서 결국 모두 승자이고 정치, 경제, 과학, 예술 등 각 분야에서 신화를 만들어 낸 인물이 많은 것입니다. 이처럼 유대인의 교육이 위대한 것은 모두가 살 수 있으면서도 자신이 최고가 되는 삶을 현실화시켰다는 데 있습니다.

그동안 우리 교육은 경제 발전만을 향해 달려왔기 때문에 공부 잘하는 것에 최고의 가치를 두고 오로지 공부에만 주력했습니다. 진정한 행복을 위한 생애 설계 교육(진로 교육), 인성 교육 등은 무시한 채 말이죠. 모든 것을 내팽개치며 달려왔지만 결국 지금껏 노벨상 하나 제대로 타지 못했습니다. 이러한 교육은 우리나라의 큰 약점으로 작용합니다. 그 약점은 바로, 제도권 공교육이 우리의 삶에 도움이 되지 못한다는 것입니다. 바로 성적과 실력에 큰 괴리가 있는 것인데요. 영어 시험 점수는 높은데 영어로 말하지 못하고, 윤리 점수는 높은데 윤리성과 배려하는 마음이 전혀 없고, 체육 성적은 높은데 전혀 건강하지 않고, 음악 점수는 높은데 악기 하나 제대로 다룰 줄 모르고, 과학 성적은 높은데 전혀 과학적으로 사고하지 못하고, 국어 성적은 높은데 소통 능력은 떨어지고 제대로 된 자기소개서 한 편 못 쓴다는 것입니다.

더 큰 비극은 바로 '행복과 성공의 기회 박탈'입니다. 모든 것이 시험 점수 위주다 보니 성적이 중하위권에 있고 대학에 못 가는 사람은 실력을 쌓을 기회조차 갖기 힘듭니다. 성적이 나쁘면 그냥 중·고등학교 때 공부 못했다가 아니라 사람 대접을 받기 어려운 지경까지 몰고 갑니다. 이렇게 공부가 아닌 다른 다양한 재능과 창의력을 가진 학생들의 가치를 낮게 여겨 좌절하게 만드는 '구조'가 대한민국의 가장 큰 문제입니다. 기회를 갖지 못하면 실력을 쌓을 수 없게 되고 실력을 쌓지 못하면 돈을 못 벌어 부를 축적하기도 힘이 듭니다. 악순환이 반복되는 것입니다. 그래서 대한민국에는 대한민국만의 공식이 생겼습니다. '공부를 못하면 = 불행하다' 입니다. 이 가짜가 마치 진리인 것처럼 둔갑하여 사람을 불안하게 만들고 부모는 자식의 행복을 위해 수단과 방법을 가리지 않고 오로지 성적만을 외치게 만들었습니다.

그러나 앞으로 다가올 불확실성의 시대는 성공, 안정된 삶이란 것이 정해져 있지 않습니다. 마치 방향과 결승점이 정해져 있지 않은 마라톤을 달리는 것과 같습니다. 이 마라톤은 정확한 결승점이 없기 때문에 다른 사람을 따라가도, 혼자 가도 불안을 떨칠 수 없습니다. 이 마라톤이 즐거울 수 있는 유일한 방법이 무엇일까요? 바로 자신을 믿고 자신이 선택한 방향으로 자기 속도에 맞춰 달리는 것입니다. 2030년을 살아갈 아이들에게는 이런 교육을 해야 합니다. 피 터지는 경쟁이 아니라 나만의 길을 나만의 속도와 방향으로 가는 인생, 최고 버전의 '나'를 향해 스스로 업그레이드하며, 난도대체 어디까지 성장할까? 스스로가 기대되는 인생을 살 수 있도록 말입니다.

인공지능은 자신의 인생을 사랑할 수 없다

미래 사회에는 굉장히 이과적이면서 문과적이고, 동시에 예술적인 사람이 필요합니다. 인간이란 어떤 존재인가를 깊이 고민해서 인간에게 진짜 필요한 게 뭔지를 생각하고 세상에 필요한 아이디어를 내고, 그 아이디어를 스스로 실현할 수 있는 사람이 되어야 하는 것이죠. 이 과정을 인문학이 많이 도와줍니다. 그러나 그렇다고 해서 인문학을 미래 인재가 되기 위한 도구로 생각해서는 안 됩니다. 인재가 된다는 것은 훌륭하고 멋진 일입니다. 그런데 인재가 되지 않아도 좋습니다. '미래 인재가 되려면 창의성을 길러야 한다. 창의성을 못 기르면 너는 또 뒤처진다'라고 말하는 건 또 다른 경쟁을 부추기는 일일 뿐입니다. 이런 불안을 자극해 남을 이기는 일에 매달리게 만드는 게 아니라, 실제 자신의 인생이 어떻게 해야 행복한지 알아내는 능력을 키워 주는 게 진짜 인문학이고, 남이 아니라 자신을 이기는 아이가 미래 사회에 정말 필요한 건강한 인재입니다.

각자의 인생은 정말 백인백색으로 다름에도 불구하고 많은 사람들이 시대적인 분위기나 세대적인 특징에 따라서 비슷한 답을 좇아가는 모습을 자주 보게 됩니다. 미래도 나에게 오면, 우리 아이에게 오면 달라질 수 있다는 건 무슨 뜻일까요? 그것은 '자기만의 기준이 있다'는 뜻입니다. 자기 안에 중심이 되는 가치관이 있다는 뜻입니다. 우리는 이것을 자기 철학이라고 말합니다. 많은 정보를 지닌 사람이 아니라, 단 하나를 알아도 자기만의 깊은 사유를 할 수 있는 아이, 한 권의 책을 읽더라도 스스로 소화할 수 있을 때까지 생각하고 이를 지혜 삼아 에너지로 살아가는 아이로 미래 세대가 자라나기를 바랍니다. 어른 세대가 갖지 못한 '사유하는 힘', 이것이 다음 세대가 지닐 수 있는 가장 강력한 무기 아닐까요?

이번 장에서 지금까지 이야기한 모든 것은 결국 이 한마디로 요약됩니다.

아모르 파티Amor Fati. 니체가 한 말로 '네 운명을 사랑하라'라는 뜻입니다. 이것은 사주팔자대로 운명에 맡겨 수동적으로 살라는 말이 아닙니다. 자신의 운명을 사랑하는 것은 구호를 외친다고 가능한 것도 남들과 비교해서 얻어지는 것도 아닙니다. 자신을 객관적으로 바라보고 가능성을 극대화할 때 생깁니다. 나의 불완전함을 그대로 받아들이면서 더 나은 사람이 되려고 노력할 때 아모르 파티가 생깁니다. 아니 만들어 나간다는 말이 맞을 수도 있겠습니다. '너의 주어진 조건들을 사랑해라. 그리고 거기서 최선을 다해서 답을 찾아 나가라'라는 의미가 담겨 있습니다. 먼저 '자존'을 회복하는 것이죠. 내가 어떤 사람인지, 내 조건이 어떤지, 한 번뿐인 인생을 어떻게 살아야 할 것인지 생각하는 '아모르 파티'가 부모님들부터 먼저 회복되길 바랍니다.

2

경쟁을 뛰어넘는
'최고 버전의 나'를 만드는 여정

경쟁을 뛰어넘는 '온리 원'

개인의 가치와 독립성이 중요한 서양 문화와 달리 동양 문화는 독립된 개인의 가치가 아닌 집단이 더 우선시 되었습니다. 동양 문화권에서 개인은 다른 사람의 기준에 맞추고 부응하는 것이 참 중요했기에 자연스럽게 시스템에 순응하는 삶을 살아왔습니다. 또 공부는 남들과 경쟁하는 것이고 그 경쟁에서 이겨 출세하는 것이 미덕이라고 여겨졌기에 그동안 우리는 치열한 경쟁 문화 속에서 살아왔습니다. 설상가상으로 급변하는 미래 사회를 바라보면서 좋은 일자리를 놓고 더 경쟁해야 한다는 불안에 사로잡혔습니다. 1등을 해도, 아니 오히려 남보다 잘할수록 더 잘해야 한다는 경쟁 중독에 빠진 것입니다. 카이스트에서 4학년 학생이 자살을 기도한 후 학생회에서 발표한 선언문에는 다음과 같은 글귀가 있었습니다.

"우리는 매일 숨막히는 경쟁에 내몰리고 있다. 모두가 각자 공부를 하느라고 힘들어하는 학우의 고민을 들어주기 위해 단 30분도 시간을 내지 못했다. 우리는 이제 더 이상 마음껏 웃을 수도 없다."

그런데 미래 사회에는 경쟁하는 것이 오히려 손해입니다. '성공하려면 경쟁하지 않는 법을 배워라' 페이팔 공동 창업자 피터 틸이 한 말입니다. 이 말은 '경쟁하지 말고 자신의 판을 새로 짜라 = 독점하라'는 뜻입니다. 미래에는 1인 기업가 시대가 옵니다. 미래학자들은 2020년만 되어도 1인 기업, 프리랜서가 주류일 것이라고 전망합니다. 물리적인 공간 개념, 지리상의 거리와 무관하게 사회 네트워크가 형성돼 프리랜서들이 프로젝트를 위해 모여 일하고 흩어지는 고용 유연화가 시작된다는 것입니다. 이미 똑똑한 개인들은 1인 매체인 블로그, 페이스북, 인스타그램, 유튜브, 트위터에 자신만의 생각을 펼치고 있습니다. 이제 권력도 점점 똑똑한 개인에게 옮겨가 이들이 소셜네트워크서비스를 활용해 사회를 바꾸어 나가는 중입니다. 앞으로는 비슷한 생각을 가진 사람들이 모인 조합, 비정부기구 등의 네트워크가 정부보다 큰 권력을 갖게 될 수도 있습니다. 1인 미디어도 활성화되어 유튜브, 아프리카TV 등으로 나만의 콘텐츠를 생산해 공유하는 사람도 더 늘어날 것입니다. 1억 명이면 이제 1억 개의 채널이 생기는 것입니다.

그래서 경쟁이 무의미해지는 것입니다. 이제 경쟁보다는 삶을 즐기는 사람이 승리합니다. 긍정적인 마음으로 세상에 호기심을 가지고 독창적인 나만의 것을 만들어 어떻게 세상에 표현하고 공유하느냐가 경쟁력이 될 것입니다.

거대한 바다에서 낚시를 한다고 상상해 볼까요? 한 지점에 낚싯대를 내렸습니다. 그런데 왜 이 지점에 낚싯대를 꽂았냐고 서로 비난할 수 없습니다. 사방이 낚싯대를 내릴 수 있는 곳인데 싸우는 바보들이 어디 있을까요? 미래는 사방이 낚싯대를 내릴 수 있는 기회가 열린 곳입니다. 이런 상황에서 필요한 것이 경쟁일까요? 아닙니다. 어떻게 하면 이 세상에서 차별화된 개성 넘치는 부가가치를 창출할까 고민하기에도 바쁘기 때문입니다. 다양성의 가치가 인정받는 시대에는 옆 사람을 바라보며 비교하고 우열을 가리는 것 자체가 비효율적입니다. 유대인 속담처럼 100명이면 100개의 의견과 라이프 스타일이 있음을 인식하고 각기 다른 삶의 방식을 인정하고 공존하는 법을 배워야 합니다. 이제는 경쟁을 뛰어넘어 이 세상 유일무이한 '나'라는 브랜드를 키워 줘야 할 때입니다.

적성검사에 의존하지 마라, 진로는 자기성찰 습관이다

요즘은 검사 도구가 많이 있습니다. 대다수 학생은 진로 선택에 있어 여러 종류의 적성검사를 이용합니다. 요즘은 학교에서 이런 검사를 필수로 진행합니다. 그런데 문제는 검사만 하고 끝난다는 것입니다. 하지만 많은 교육학자들이 지적하듯 어떤 진단이나 검사도 완벽하지 않습니다. 현재의 적성검사는 특정 직업 분야에 대한 직무 적성을 판단하기보다는 오히려 지능지수가 높은 사람이 모든 직무 적성에 고루 높게 나올 수도 있는 방식이기 때문입니다. 문제해결 능력, 창의력, 공감 능력, 협업 능력 등 실제 직업 활동에서 필요한 역량에 대한 평가는 거의 포함되어 있지 않습니다. 게다가 자라나는 아이들의 적성은 변할 수 있습니다. 한 번 검사를 했다고 끝이 아님을 명심해야 합니다.

모든 검사는 일종의 엑스레이와 같습니다. 엑스레이는 현재 상태가 어떤지만 보여 주지 그러한 상태가 왜 생겼는지 어떻게 된 것인지는 환자 본인과 의사가 깊이 성찰하고 분석하고 해석해야 합니다. 안타까운 것은 많은 학생들이 단편적인 검사 후 자신을 제한한다는 것입니다. 진로 입시 컨설팅을 하면서 만난 한 학생은 어떤 검사를 했는데 자신은 이과가 적당하다고 판정을 받았답니다. 그런데 아무리 돌아봐도 자신은 이과가 아닌 것 같다며 상담을 요청했습니다. 깊이 이야기해 보니 역시나 그 학생의 의견이 맞았습니다.

무엇보다 자신이 진정으로 원하는 것을 찾기 위해서는 생각과 고민을 많이 해야 합니다. 검사는 말 그대로 '진단 도구'일 뿐입니다. 진단 후 그 처방대로 약을 먹고 운동을 하고 노력하는 것은 환자의 몫입니다. 자기 자신을 안 다음에 전략을 세우고 자기주도적으로 꿈을 향해 공부하고 노력하는 과정을 혼자서 하는 학생은 굉장히 드뭅니다. 사실 이런 능력은 성인이 되었다고 다 가지고 있는 것도 아닙니다. 어른이 되어서도 자기 안에 이런 시스템을 장착해 스스로 끊임없이 노력하는 사람은 정말 드뭅니다. 그러니 아이가 진짜 적성을 찾을 수 있도록 부모가 도와야 합니다. 그리고 검사 후 자기이해가 오히려 '자기 제한'이 되어서도 안 됩니다. 자기탐색과 자기성찰은 살아가는 동안 끊임없이 계속 이루어지는 것입니다.

진로 선택, 적성 · 흥미 · 동기부여의 3박자가 맞아야 한다

모든 사람은 진로를 찾을 때 적성과 흥미를 가장 먼저 생각합니다. 적성은 사전적으로 어떤 일에 알맞은 성질이나 적응 능력, 또는 그와 같은 소질이나 성격을 말합니다. 어떤 분야의 재능이라고 볼 수도 있겠죠. '죽도록 열심히 하는' 노력을 하지 않고 약 70% 정도의 힘만 들여도 자연스럽게 잘할 수 있는 것이 바로 끼이고 재능입니다. 흥미는 말 그대로 관심사입니다. 관심사는 신기하게 사람마다 모두 다 다릅니다. 백화점에 가서 보면 압니다. 인터넷을 열면 압니다. 가장 먼저 눈길이 가는 코너(분야)가 있지요? 자신도 모르게 본능적으로 반응을 하는 것, 그것이 관심사입니다. 진로는 바로 '관심사'로부터 시작됩니다. 로봇 과학자 데니스 홍은 어릴 때 영화 〈스타워즈〉를 보는 순간 로봇에 대한 관심이 시작되었다고 했습니다. 『사피엔스』의 저자이자 유명한 역사학자 유발 하라리는 학교

가기 전 다섯 살 때부터 히브리어로 된 그림이 많고 매우 큰 세계사 책을 몇 시간 동안 보곤 했답니다. 그 책에 매료되어 세상이 어떻게 만들어졌는지, 사람들은 왜 이러한 모습으로 사는지 등에 흥미를 느꼈습니다. 또 우리의 세계가 필연적인 건지 아니면 어떤 사건의 결과로 만들어진 것인지도 궁금했다고 합니다. 이때부터 역사를 연구하게 된 것입니다.

진로 선택의 기본은 이처럼 적성(재능)과 흥미(관심사)에 기초합니다. 그런데 이게 전부가 아닙니다. 지속적인 동기부여가 필요합니다. 동기부여는 스스로가 적성과 흥미를 더 극대화하고 개발하도록 지식과 기술을 쌓게 돕는 촉매제입니다. 아무리 적성과 흥미가 있어도 지속적으로 노력을 해서 그 분야의 지식과 기술을 쌓는 훈련이 이루어지지 않으면 부를 창출할 정도의 프로페셔널함이 생기지 않습니다. 이때 노력은 올바른 방향 위에서의 시간 투자와 시행 착오를 의미합니다.

예를 들어 음악과 노래 부르기를 굉장히 좋아하는 학생이 있습니다. 그런데 음치입니다. 이런 학생이 오디션 프로그램에 나간다고 합니다. 어떻게 해야 할까요? 이런 경우는 동기부여는 높지만 재능이 따라주지 않는 상황이라고 볼 수 있습니다. 애석하지만 이 학생에게 가수는 본인의 진로가 아닌 것입니다. 대신 작곡가나 프로듀서 아니면 음향 엔지니어 등의 직업을 가질 수 있겠죠. 음악을 사랑하는 '동기부여'가 스스로에게서 나오니까 작곡 공부나 음향 엔지니어링을 공부하면 자신이 좋아하는 분야에서 일을 할 수 있을 것입니다. 그러면 이 친구는 굉장히 행복한 삶을 사는 것입니다. 반면에 어떤 학생은 수학을 잘하는데 싫어합니다. 이 학생에게는 수학을 하고 싶은 마음이 들도록 동기부여를 해 주는 게 급선무입니다. 수학이 학문이 아니라 삶에서 어떻게 활용되는지 또 다른 관심사와 접목을 시켜 주어야 합니다. 만약 스포츠를 좋아한다면 수학을 잘하는 것이 나중에 자신이 좋아하는 분야인 스포츠에서 '스포츠 과학'으로까지 진로가 확장될 수 있다고 진로 시야를 넓혀 주는 것도 동기부여의 한 방법입니다. 그러면 자신의 특기인 수학 능력을 잘 활용할 수 있는 진로로 나갈 수 있을 것입니다.

아무리 좋은 배움도 아이에게 맞아야 강점이 된다

진로를 선택하고 자신의 진로에서 성공함에 있어서 재능과 동기부여(지속적인 노력을 해 나갈 수 있는 힘)는 정말 중요합니다. 기질(성격)과 재능을 찾아 그 위에 지식과 전문 기술을 쌓고 시행착오를 통한 훈련과 노력이 쌓여서 결국 개인의 강점이 되는 것입니다. 그리고 이러한 모든 것이 조화된 삶을 사는 지점에 있을 때 사람은 행복합니다. 만약 빅뱅의 지드래곤에게 공무원이 되라고 했다면 어땠을까요? 훌륭한 아티스트를 잃은 것은 물론 본인의 인생도 불행했을 것입니다. 지드래곤은 방송국과 콘서트장과 녹음실에 있을 때 가장 아름답습니다.

각자가 가진 고유한 강점을 마틴 샐리그먼 박사는 지문指紋같이 고유하다는 뜻에서 '시그니처 강점signature strength'이라고 부릅니다. 사람은 일평생 살면서 이 강점을 발견하는 것이 중요합니다. 가끔 강점과 장점을 혼동하기도 하는데 장점은 '자신'이 좋아하거나 자기 안에서 그나마 다른 것과 비교했을 때 잘하는 것을 말합니다. 하지만 강점은 비교 대상이 존재합니다. 대부분의 남학생은 게임을 잘하고 좋아합니다. 하지만 프로게이머와 실력을 비교하면 게임을 잘하는 것이 아닙니다. 남학생에게 게임은 '장점'이지만 프로게이머에게 게임은 '강점'이 됩니다. 예전에 코칭할 때 게임을 좋아하는 남학생에게 게임이 장점이 아닌 강점이 되도록 더 미친 듯이 공부하듯 게임을 하라고 한 적이 있습니다. '장점 수준으로는 밥 벌어먹고 못 산다. 강점이 되어야 밥 벌어먹고 산다'고 했더니 오히려 게임을 서서히 줄였습니다. 이 장점이 객관적인 '강점'이 되도록 이끌어 주고 극대화하는 것이 중요합니다. 행복하다 느끼면서 성공하고 사회에 유익을 끼치며 살아가는 사람들은 한결같이 자신의 강점을 발견하고 그 위에서 비전에 이끌리는 삶을 살았습니다.

그런데 지금껏 우리나라는 지식(공부)을 그 사람의 기질, 성격, 재능과 상관없는 곳에 억지로 쑤셔 넣듯이 했습니다. 이 와중에 무조건 좋은 성적까지 강요했습니다. 백화점식으로 모든 걸 다 잘하기 위해 공부하고 스펙을 쌓았습니다. 그저 성실히 열심히. 그러니 삶에 아무런 감동이 없는 것입니다. 이런 악순환이 될 수밖에 없는 주요한 이유는 바로 우리나라 학생들은 대학교에 들어가기 전까지는 자신의 재능을 돌아볼 시간적 여유가 없기 때문입니다.

프랑스는 중학교 3학년 때부터 진로 교육을 실시합니다. 뉴질랜드는 11세부터 진로 교육이 의무화되어 있습니다. 핀란드는 7학년부터, 독일은 초등학교 4학년 때부터 진로 교육이 시작되어 6학년 때 어느 정도 결정이 됩니다. 독일은 진로 교육을 빨리 실시하는 편인데 이 진로 교육이 국가 경쟁력으로 작용한다고 밝혀졌습니다. 독일 학생들은 6학년 때 30%의 학생들만 대학 진학을 목표로 하는 '김나지움'이라는 인문계 학교에 진학하고, 약 70%의 학생들은 직업을 준비하면서 교육을 하는 '하월트슐레'라는 학교에 갑니다. 이 슐레가 독일에서 실력 있고 유명한 '마에스터'들을 배출하는 인큐베이터인 것이죠.

교육 선진국 학생들은 이른 시기부터 진로 준비 단계를 통해서 각 분야별로 재능을 찾아보기 때문에 어린 나이에 '방향'을 잡아 준비를 하는 것입니다. 우리나라처럼 초등학교 때부터 '일단 공부 열심히 해서 성적 잘 나오고 보자. 무조건 영재 교육원에 들여보내자' 하면서 무리한 선행학습을 시키지도 않습니다. 교육 선진국 아이들은 어릴 때 시행착오를 겪더라도 '각자 인생의 방향 설정'에 힘을 들입니다. 맞지도 않는 방향에 힘을 빼서 배움 자체에 질려 버리는 것은 낭비이고 손실인 것을 잘 알기 때문입니다. 그래서 이들은 졸업할 때쯤 되면 무조건 대학을 가기보다는 재능과 관련해 그 분야의 전문 지식과 기술을 습득하고 훈련하면서 동시에 돈을 버는 일과 공부를 양립하는 시스템을 유지하며 살아갑니다.

선진국 사례처럼 우리도 점점 자유학기제를 통해 진로 교육을 제도적으로 하려고 합니다. 그런데 불안한 부모들은 자유학기제를 통해 학원에서 공부만 더 시키려고 합니다. 진정으로 자신을 성찰하고 경험하는 것이 없는 상태에서 부모의 불안과 욕심, 평판, 미디어에서 보여지는 '있어 보이는 것'에 마음이 빼앗겨, 아이의 본연의 모습과 진로 선택이 겉돌 때가 많습니다. 결국 우리 아이들은 대학에 들어가기 위해 모든 것을 미룬 채 스무 살까지 아무 생각 없이 수동적이고 획일적으로 살아갑니다(최근에 학생부 종합전형에서 진로가 중요해져 꿈을 적어 내라고 하지만 꿈 역시 진부하고 획일적입니다).

그런데 말입니다. 대학교 때부터가 진짜 공부라고 치면, 그 진짜 공부는 자신의 재능에 맞는 것이어야 합니다. 자신의 재능이라는 머릿돌 위에 전문 지식과 전문 기술을 훈련해 건축해 나가야 강점이 되는 것이니까요. 하지만 우리 아이들은 대부분 전문 지식과 기술을 쌓는 전공 선택을 잘하지 못합니다. 그래서 재능(적성, 흥미)과 공부(지식과 기술의 훈련)가 겉돌고 잘 맞지 않아 대학을 졸업하면 또 다른 진로 고민이 시작됩니다. 우리나라의 대학 진학률은 84%인데 그중 77%는 졸업 이후 전공과는 다른 직업을 갖게 됩니다.

우리나라 대학생들은 전공에 대한 만족도가 높지 않습니다. 2년, 혹은 4년이란 결코 짧지 않은 시간, 그것도 젊음의 귀한 시간을 투자했는데 막상 졸업할 때는 전공을 살리기 싫고 이제부터 어떻게 살고 뭘 해야 할지 모르겠다고 합니다. 정말 다시 원점으로 돌아간 것 같습니다.

미래를 대비하는 진짜 진로 교육

대한민국은 2020년까지 진로 교육에 440억 원의 투자를 한다고 합니다. 그러나 직업 선택에 필요한 지식을 직접 경험하게 하는 것보다는 직업에 '대하여' 이론을 배우는 주입식 진로 교육이 많은 게 현실입니다. 그래서 아이들은 '진로'라는 교과목이 한 개 더 늘어난 것으로만 여깁니다. 현재 우리나라 직업의 수는 1만 1,655개입니다. 미국은 3만 654개라고 합니다. 이렇게 많은 직업이 있는데 많은 학생들이 몇몇 직업만 바라봅니다. 가끔 강의 때 학부모님들에게 알고 있는 직업을 써 보라고 합니다. 그러면 5개를 넘지 못합니다. 대부분 공무원, 의사, 변호사, 회계사, 회사원 정도입니다. 놀랍지 않나요? 세상에는 너무나 많은 직업이 있는데 모두 몇몇 직업만을 바라봅니다. 더 놀라운 사실은 부모들이 적어 낸 직업이야말로 인공지능이 가장 쉽게 대체할 수 있다는 것입니다. 미래 사회가 어떻게 변할지 관심도 없는 상태에서 현재 안정적이고 인기 있는 직업에만 모두가 매달리고 있습니다.

그렇다면 미래를 위한 진로 교육은 어떻게 해야 할까요? 나 자신에 대하여 앎과 동시에 사회의 변화 흐름을 동시에 읽어야 합니다. 자신의 관심사와 재능을 찾은 다음에 관심사와 재능이 일치하는 것 중에서 '미래에 유망한 것'이 무엇인지 예측해 보는 것입니다. 미래에 무엇이 유망할지를 예측하기 위해서 미래 사회 변화를 공부해야 하는데 이때 전문가들의 의견을 잘 듣는 것이 중요합니다. 하지만 특정 직업만을 딱 정해서 유·초등 자녀를 교육하는 것은 위험합니다. 2030년까지 현재 직업의 60%가 사라지는데, 세계적 미래학자들은 "10년 후 일자리의 60%는 아직 탄생하지도 않았다" 고 말합니다. 즉 어떤 일자리가 생길 것이니 이에 맞는 교육을 받아서 새로운 직업을 준비하라고 하면 너무나 속 시원하고 좋을 텐데 그러기가 어렵습니다. 그래서 특정 직업에 맞춘 족집게식 교육보다는 미래에 어떤 일자리가 새로 만들어졌을 때 기존의 일자리에서(직군) 빨리 이동할 수 있는 배움의 역량을 키워 주는 교육이 더 필요합니다. 다양한 경험을 통해서 자연스럽게 자신의 평생 직업에 연결되는 접점을 찾게 해 주는 것입니다.

빌 게이츠도 중학생 때까지는 문제아였습니다. 그런데 중3 때 학교에서 컴퓨터를 만났습니다. 그 전까지는 흔히 볼 수 있는 사춘기 문제아였지만 자신의 열정과 재능을 쏟아부을 대상을 만난 것입니다. 그리고 10년 후 빌 게이츠는 하버드대학교를 1학년 때 중퇴하고 창업을 해 세계 최고의 회사를 일구고 인류 역사의 한 획을 긋는 인물이 됩니다. 남보다 먼저 개념을 접하고 관심을 지닌 사람이 미래에 최고의 인재로 활동하는 것입니다. 많은 사람들이 자유학기제를 우려합니다. 많은 요인이 있지만 그중 하나가 제대로 된 양질의 체험 기회를 학생에게 못 준다는 것입니다. 바리스타 체험, 수제 비누 만들기 체험 정도로만 하는 수준이기에 아이들도 노는 시간으로만 인식합니다. 미래 기술과 도구에 관한 직접적인 체험을 많이 해 보도록 정부와 부모 모두 지원을 아끼지 않아야 합니다.

진로 디자인, 과정에 집중하라

대학생 강의를 하다가 빅데이터 전문가가 꿈인 학생을 만났습니다. '빅데이터 전문가가 되고 싶은데 어떻게 해야 할까요?' 그래서 왜 되고 싶냐 물어봤더니 머뭇거리며 그저 '유망 직업'이라는 대답만 합니다.

유망 직종이라고 미디어에 나오면 그 분야는 이미 피 튀기는 전쟁이 시작된 걸 알아야 합니다. 또한 아무리 유망 직종이어도 나한테 맞아야 합니다. 내가 잘하거나 좋아하지 않으면 아무리 엄청난 유망 직업이라도 자신이 잘되는 것과 상관이 없습니다. 자기성찰 과정과 미래를 보는 눈이 조화를 이룰 때 진로 의식도 더 효과적이고 합리적으로 발전시킬 수 있습니다.

진로 고민을 하는 고1 여학생을 만났습니다. 이 아이는 객관적인 검사와 주관적인 자기성찰 끝에 자신이 '디자인' 일을 하고 싶어 한다는 것을 발견했습니다. 처음에는 꿈이 건축 디자이너였습니다. 그런데 인테리어 디자이너가 맞을 것 같다고 그 일도 하고 싶다고 했습니다. 저는 앞으로 기술이 어떻게 펼쳐지고 특히 건축업계에 3D 프린터가 어떤 영향을 미칠지, 미래 도시와 주거 환경은 어떨지 찾아보고 함께 이야기했습니다. 그리고 일단은 어떤 구체적인 분야의 디자이너가 아니라 '디자인 하다'라는 동사형에 주목하여 꿈을 설계해 나가자고 코칭했습니다. 그러면서 저는 미래에는 '가상공간 디자이너'가 유망하다고 말해 줬습니다. 그랬더니 혼자서도 열심히 조사하며 계획을 짰습니다. 여기서 끝이 아닙니다. 구체적인 진학 입시와 자기주도 학습에 대한 이야기도 적극적으로 나눴습니다. 진로와 진학은 이처럼 구체적이고 실제적이고 다면적입니다.

여러 학교에서 동기부여를 위한 진로 활동 중 '미래 명함 만들기'를 많이 합니다. 그런데 대부분 그저 명함만 예쁘게 꾸미고 만들기에 정신없습니다. 미래 명함을 만든 후에는 그 직업에 맞는 자질과 능력을 구체적으로 질문하고 현재 기술이 어디까지 왔는지 생생하게 조사하고 상상하게 해야 합니다. 이 과정이 충실히 쌓일 때 제대로 된 진로 포트폴리오가 됩니다. 그러면 학생 스스로가 필요한 자질을 얻기 위해 구체적인 노력을 어떻게 할지 생각해 보겠죠? 그때 그 분야의 본받을 만한 롤모델을 찾고 '그 롤모델의 뇌를 훔쳐라'

'그 롤모델의 10대 생활을 훔쳐라' 등의 미션을 구체적으로 수행할 수 있게 도와주는 것이 제대로 된 진로 코칭입니다. 그래야 진로 탐색이 막연하지 않고 지금 자신의 처지와 겉돌지 않게 됩니다. 지금 내 상황에서 할 수 있는 것이 무엇인지 알고 점차 더 큰 목표에 도전하게 되는 것입니다. 그러면 동기부여와 학업 역량이 양발을 맞춰 앞으로 나가게 됩니다.

우리 아이들은 자라는 중이기에 아직 어떤 분야의 전문가가 될지 모르는 탐험의 시간을 보내고 있습니다. 어떤 지식을 채워 나가야 할지 고민되는 것도 당연합니다. 이 고민의 시기에 할 수 있는 좋은 방법 중 하나가 '나만의 세상 보기'를 연습하게 하는 것입니다. 이런 연습이 습관이 되면 2030년 가지게 될 직업에 자신만의 개성까지 넣을 수 있습니다. 이것이 독창성이 되는 것입니다.

진로 코칭을 위해 부모가 가슴에 새겨야 할 것

진로 코칭을 위해 부모가 잊지 말아야 할 중요한 것이 있습니다. 아이의 희망 직업은 언제든 바뀔 수 있고 아이의 인생은 부모가 마음대로 주물러서 모양을 만들 수 있는 찰흙 덩어리가 아니라는 것입니다. 잠재력과 가능성을 발견하고 시험할 수 있는 기회가 많을수록 아이의 뇌 속에서는 무수히 많은 뉴런이 연결되고, 결국 그 아이의 인생을 관통하는 재능 · 열정 · 동기가 만들어집니다. 그러므로 아이의 인생을 대신 계획하는 것이 아니라 스스로 진로를 발견하고 개척해 나갈 수 있는 능력을 키워 주는 것이 부모의 역할입니다. 자신의 진로를 발견하는 과정은 그 자체가 행복이고 기쁨입니다. 아무리 시대가 어려워 꿈꾸는 사람이 사라졌다 하지만 그래도 아이들은 자신의 꿈, 행복, 의미 있는 인생을 이야기할 때 언제나 가슴 벅찬 울림을 느낍니다.

아동 청소년 정신상담과 의사이자 자녀교육 전문가로『멀리 보는 부모의 용기』를 쓴 쉬미 강 박사는 자녀의 진로에 대해 걱정하는 부모들에게 세계적인 창의성 연구기관인 조지아대학 토런스센터의 강령을 알려 준다고 합니다.

뭔가에 빠져드는 것을 두려워 말라.

너만의 장점을 발견하라. 그것을 키우고 즐겨라.

네 자신이 원하는 것을 하라.

타인의 기대로부터 자유로워져라.

네 잠재력을 키워 줄 스승을 찾아라.

모든 것을 다 잘할 필요는 없다.

네가 좋아하는 일이야말로 네가 잘할 수 있는 일이다.

_창의성 연구기관 조지아대학 토런스센터의 강령

이러한 원리를 자녀에게 진실하게 전할 수만 있다면 이 세상 모든 부모들은 자녀가 자연스럽게 진로를 찾도록 안내할 수 있을 것입니다.

3

생각하는 힘이
곧 살아가는 힘

미래 인재가 몸에 익혀야 할 능력

세계경제포럼의 발표에 따르면, 2020년에 인간에게 요구되는 능력 중 1위는 '복잡한 문제를 푸는 능력'이라고 합니다. 2위부터 5위는 비판적 사고력, 창의력, 사람 관리 능력, 협업 능력입니다. 미래 사회 인재가 되기 위해서는 위의 능력들이 필요한데 이를 갖추기 위해 먼저 갖춰야 할 것이 있습니다. 무엇일까요? 바로 '생각하는 힘'입니다.

그런데 이 생각하는 힘이 약한 곳이 바로 대한민국입니다. 우리나라 학생들은 '다음 중 광개토대왕의 업적이 아닌 것은?' 같은 객관식 문제가 나오면 정말 잘 맞춥니다. 하지만 '광개토대왕의 업적이 고구려의 발전에 어떤 영향을 미쳤으며 후에 국제 정세(신라, 백제, 중국)는 어떻게 변화되었는지 자신의 견해를 쓰시오.' 이렇게 질문을 바꾸면 80%는 제대로 못 씁니다. 실제로 제가 만난 학생들은 이런 문제가 시험에 나오면 어디서부터 어떻게 말을 만들어 써야 할지 모르겠다면서 막막함을 호소하기도 합니다. 그러니 학교에서도 내신 시험으로 제대로 사고력을 측정하는 서술형, 논술형 문제는 감히 낼 수 없습니다. 변별력, 난이도를 조절해야 하고 이 조절을 못하면 학부모들에게 당장 항의가 오고 정말 피곤해지기 때문입니다. 그렇다 보니 학교에서는 성적 유지를 위해 그저 단답형 주관식만 내고 대입 논술을 사교육을 통해 따로 준비하게 되는 것입니다.

우리나라는 진짜 실력이야 아무래도 상관없습니다. 무조건 일단 진학만 하고 보자입니다. 시험 고득점은 테크닉으로 가능합니다. 패턴에 얼마나 익숙한지가 성패의 관건이기 때문입니다. 패턴에 익숙하려면 일단 엉덩이 오래 붙이고 앉아 있는 사람이 승리합니다. 또 시험의 기술은 돈으로 살 수 있습니다. 사교육 시장이 부풀어 오르는 이유입니다. 시험이 평가하는 능력은 단 하나, 비슷한 문제를 얼마나 많이 풀어 보았나입니다. 하지만 더 이상 시험을 위한 시험은 미래 사회에 전혀 쓸모없습니다.

세계 명문 대학은 학생을 선발할 때 '스스로 생각할 줄 아는' 능력을 평가합니다. 무엇을 공부하든 그 전에 필요한 생각들이 있기 때문입니다. '생각하는 힘'이야말로 본격적으로 '학문'을 탐구하기 전 가장 중요한 기초 실력이라고 여기는 것입니다. 반면에 우리는 '수학능력시험'으로 대학에 와서 공부할 수 있는 능력이 있는지 없는지를 판가름합니다. 수학능력시험은 아쉽게도 스스로 생각할 줄 아는가는 평가할 수 없습니다(수시 전형 중, 논술 전형과 학생부 종합 전형은 자기소개서와 면접을 통해 생각할 줄 아는가를 그나마 조금이라도 평가할 수 있습니다).

영국의 옥스퍼드대학교 면접은 난해하기로 유명한데 기존의 상식으로는 대답하기 힘든 것이 대부분입니다. 정해진 답이 없기 때문입니다. 엉뚱하게 느껴지기도 하는데, 면접관들은 일부러 답이 없는 질문을 통해 그 학생 안에 어떤 세계관과 가치관이 있고 자신의 주장을 논리적으로 표현할 수 있는지를 살핍니다. 프랑스는 어떤가요? 대입자격시험 '바칼로레아'는 어떤 전공이든 상관없이 철학 시험이 포함되어 있습니다. 프랑스는 철학을 굉장히 중요하게 여기는데요. 바로 학생들이 철학을 공부하면서 자신의 생각은 어떻고 왜 그렇게 생각하는지 찾아가는 과정을 즐기는 것이 중요하다고 여기기 때문입니다. 바칼로레아 역시 모범 답안보다는 자신의 의견을 일관성 있고 설득력 있게 주장하는 것을 중요하게 봅니다. 미국의 대학 또한 에세이와 면접을 중요하게 여깁니다. 특히 하버드의 토론 기술은 유명한데요. 하버드는 논쟁과 토론을 중요하게 여깁니다. 하나의 이슈에 관하여 교수와 학생이 눈높이를 맞추며 자유롭게 의견을 나누는 수업 방식은 이미 많은 곳에서 인용되고 소개되어 다들 잘 알고 있을 것입니다. 우리나라도 학생부 종합 전형이 대두되면서 자기소개서와 면접의 비중이 점차 중요해지고 있지만 아직 우리 아이들에게는 여전히 '생각하는 힘'이 부족합니다. 특히 매년마다 자기소개서 컨설팅을 할 때면 안타깝다 못해 가슴 아픈 적이 한두 번이 아닙니다. 맞춤법이 틀려서가 아닙니다. 자신만의 생각과 스토리를 가진 아이가 정말 드물기 때문입니다. 꿈도 획일적이고 학교생활도 획일적이라 자기소개서가 모두 한 사람이 쓴 것처럼 비슷합니다. 우리 아이들은 여전히 자신이 누구인지, 자신이 진정 원하는 것이 무엇인지 생각할 겨를이 없습니다. 우리 사회와 어른들이 생각하는 방법을 가르쳐 주거나 생각할 여유를 주지 않고 빡빡한 학교·학원 스케줄 안에서 주입식 교육만 하는데 생각할 힘이 키워질까요? 지식이 비슷하거나 대체될 수 있을 때 결국 최고의 인재는 '생각할 줄 아는가'로 가려진다는 것을 이제는 인정해야 합니다.

인공지능 주도형 아이 VS. 인공지능 의존형 아이

미래에는 지금보다 삶을 편하게 해 줄 유용한 도구가 많아질 것입니다. 인공지능과 여러 기계가 이런저런 작업을 처리해 주는 덕분에 우리에게 더 많은 시간이 생긴다면 어떻게 될까요? 새로운 길을 탐색하고, 주변 사람들과 더 의미 있고 행복한 시간을 보내고, 창조력을 발휘하고, 삶의 어려운 문제를 심사숙고하며 해결하고, 인간만이 할 수 있는 숭고한 일에 시간과 열정을 쏟을 수 있는 여유를 준다면 인공지능은 유용한 것이 될 수 있습니다. 이처럼 수많은 기계가 우리 옆에서 도움을 주니 정말 편리할 것이라고 미래 사회를 낙관적으로 보는 사람들도 있습니다. 그러니 이제 우리에게 필요한 능력은 각각의 도구들의 장점과 한계를 잘 파악한 다음 필요에 따라 적재적소에 조합해 활용하는 것입니다. 그래서 창의성과 문제 해결력을 전 세계가 그렇게 입이 닳도록 외치고 있는 것입니다. 창의성과 문제 해결력과 훌륭한 인성을 가진 아이는 미래의 도구들을 자신의 목표와 인류의 미래를 위해 유익하게 잘 쓸 것입니다.

하지만 기술이 결코 유토피아만 가져오지는 않을 것입니다. 인공지능 의존형인 사람, 아니 더 적나라하게 말해 '노예'도 나올 것입니다. 인간이 인공지능 때문에 게으르고 수동적이고 무기력하게 변한다면 어떻게 될까요? 자신의 인생이 어때야 하는지 스스로 깊이 사고할 줄 모르거나, 새로운 질문을 던질 줄 모르거나, 도전하고 창조하지 못하거나, 의미 있고 행복한 인간관계를 만들지 못하거나, 끊임없이 성장하고자 하는 자아를 갖지 못한 사람이 된다면 인공지능은 분명히 우리를 노예로 전락시킬 것입니다. 할리우드 SF 영화처럼 로봇이 인간을 폭력으로 지배할 확률은 오히려 적어 보이고 인간 스스로 '심리적 노예'가 되기를 선택할 확률은 오히려 높아 보입니다.

기계에게는 꿈이 없습니다. 기계는 자기 안에 열망과 무엇인가를 추진하도록 만드는 '동기부여'가 없습니다. 그러나 인간은 평범한 사람이라도 어느 순간 호기심이 생기고 간절한 열망이 생기면 추진력이 붙어 무언가를 이루어 냅니다. 지금 우리가 누리는 인류의 모든 것이 그렇게 누군가의 필요와 열정에 의해 만들어졌습니다.

지금도 우리 아이들은 스마트폰이 삶의 일부입니다. 어른들한테 커피 마시지 말라고 하면 굉장히 고통스럽죠? 스마트폰이 이제 정말 아이들에게 그런 존재가 되었습니다. 이제 아이들은 인공지능과 기계에 둘러싸여 어떤 것이 실재하는 것이고 어떤 것이 가상인지 구분조차 어려운 미래를 살아갈 것입니다. 분명히 스스로를 무능력한 인공지능 의존형 노예로 몰고 가는 사람도 나올 것이고 인공지능을 자신의 행복과 꿈을 위해 주체적으로 활용하는 사람도 나올 것입니다. 지금도 주위를 둘러보면 알 수 있습니다. 스마트폰을 정말 스마트하게 써서 생활을 윤택하게 하는 사람이 있는가 하면 스마트폰에 중독되어서 매일을 망치는 사람도 있습니다. 우리는 다음 세대가 인공지능을 활용해 새로운 가능성과 기회를 탐색하는 '인공지능 주도형' 인간으로 자라도록 이끌어야 할 의무가 있습니다.

결국 인간이 방향을 결정한다

4차 산업혁명은 소프트파워를 통한 제품의 지능화를 말합니다.

여전히 조금은 어려운 개념이죠? 제품의 지능화란 기계, 제품이 더이상 인간의 명령을 듣는 것이 아니라 마치 사람처럼 스스로 생각하고 최적의 판단을 내려 작업을 수행하는 것입니다. 그런데 이 알고리즘을 설계하고 데이터를 넣어 인공지능이 갈 방향을 정하는 것도 결국 인간입니다. 인공지능은 스스로 '조건'을 만들어 내지 못합니다. 인간이 상상력을 이용해서 질문을 만들고 인공지능에게 답을 찾게 시키는 것입니다.

과학 기술이 발달할수록 우리는 쉽게 답하기 어려운 수많은 윤리적 문제들을 마주하게 될 것입니다. 2030년에는 지금까지 존재하지 않았던 예측 불가능한 새로운 질문과 규칙이 생겨날 것입니다. 미래에 필요한 인재는 이러한 문제를 찾아내고 해답을 도출할 수 있는 능력을 가진 사람들입니다. 그러기 위해서는 기계와 인간이 공존하게 될 사회에 필요한 가치 중 어떤 것이 중요하고 우선인지에 관한 사고력이 필요합니다. 그리고 문제가 발생하기 전에 예측하는 상상력이 필요합니다. 이 능력은 감히 구글이 답할 수 없는 질문 능력이겠죠. 심지어 광기 어린 질문이라도 인간만이 할 수 있는 큰 장점입니다. 그래서 미래 사회에 우리에게는 윤리와 철학과 예술이 필요합니다. 미래 사회, 미래 인재에게 필요한 교육의 마스터키는 결국 인문학입니다.

중국 최대 전자상거래 업체 알리바바 그룹의 마윈 회장은 '이제는 IT 시대를 넘어 DT^{Data Technology} 시대로 전환되었다'고 말했습니다. 앞으로는 데이터를 어떤 방식으로 모으고 그 데이터를 어떻게 해석하느냐에 따라 새로운 가치를 부여할 수 있게 되었다는 말입니다. 즉 같은 데이터를 어떤 관점과 방식으로 이해하고 활용하는가에 대한 '나만의 분석 상자'가 반드시 필요한 시대를 맞이하게 된 것입니다. 따라서 앞에서 말했듯 자신만의 사고력과 직관력, 개성이 필요합니다. 이 능력을 얻기 위한 훈련 역시 인문학을 통해 할 수 있습니다.

중세시대 유럽은 종교의 권위가 대단했습니다. 인간 개개인은 미약했는데 이러한 분위기에서 인간성(휴머니즘) 해방을 위해 사회 곳곳에서 르네상스라는 혁신 운동이 일어났습니다. 비로소 인간의 고귀한 정신과 합리적이고 과학적인 사고가 더 자유롭게 펼쳐지게 되었던 것입니다. 이후 과학과 사회, 예술 분야 곳곳에서 많은 인재들이 나왔고 인류는 한 단계 더 진보했습니다. 우리가 아는 천재 레오나르도 다빈치도 이때 나왔습니다. 4차 산업혁명을 만난 인류가 이 위기를 기회로 잘 극복하기 위해서는 제2의 르네상스 정신이 필요합니다. 그래야 새로운 격변의 시대, 과학 기술에 지배받고 수동적인 삶을 사는 인간이 아닌 제2, 제3의 레오나르도 다빈치가 나올 수 있습니다.

● 공부 잘하는 아이로 키우는 것은 어렵다. 그런데 자기가 무슨 일을 좋아하고 어떤 때 행복한지를 아는 아이로 키우는 것은 더 어렵다.

● 아이에게 '남들이 부러워하는 나'가 아니라 '내 마음에 드는 나'에 대한 감각을 키워 줘야 한다.

● 질문이 100개가 있으면 답도 100개가 있다. 아이에게 맞지 않는 질문을 던지고 그 줄의 끄트머리에 외롭게 세워 두지 말라.

● 운명애(Amor Fati, 아모르 파티)는 니체가 한 말로 '네 운명을 사랑하라'라는 뜻이다. 나의 불완전함을 그대로 받아들이면서 더 나은 사람이 되려고 노력할 때 아모르 파티가 생긴다. 아이보다 먼저 부모가 자신에게 주어진 조건들을 사랑하며 거기서 최선을 다해 답을 찾아나가는 아모르 파티를 회복해야 한다.

● 피터 틸은 성공하려면 '경쟁하지 않는 법'을 배우라고 말했다. 경쟁하지 말고 자신의 판을 새로 짜라, 즉 '독점'하라는 것이다. 미래 사회는 경쟁하는 아이에게는 지옥이지만 삶을 즐기는 기술을 배운 아이에게는 놀이터다.

● 아이에게 필요한 것은 자신을 객관화할 수 있는 공부다. 진정한 자기 이해로부터 인생의 방향 설정이 시작되기 때문이다. 교육

선진국의 아이들은 어릴 때 시행착오를 겪어가며 각자 인생의 방향 설정에 가장 많은 공을 들인다. 아이에게 '일단 성적부터 올리고 진로는 나중에 고민하자'고 말하고 있다면 아이의 미래를 망치고 있는 것이다.

- 아이에게 조지아대학 토런스센터의 강령을 알려 주라. "뭔가에 빠져드는 것을 두려워 말라. 네 자신이 원하는 것을 하라. 타인의 기대로부터 자유로워져라. 네가 좋아하는 일이야말로 네가 잘할 수 있는 일이다."

- 세계 명문 대학들은 학생을 선발할 때 '스스로 생각할 줄 아는 능력'을 평가한다. '생각하는 힘'이야말로 모든 학문 탐구의 기초이기 때문이다. 아이에게 자신이 누구인지, 자신이 진정 원하는 것이 무엇인지를 생각할 수 있는 자극을 주라.

3장

시수
Sisu

비전을 완성하는 힘

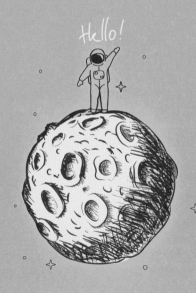

1

'공부의 신'이 아니라
'열정의 신'으로

자기성찰 능력 + 미래력 + 열정 = 성공

1973년, 일본 사가현에 살던 16세 소년이 도쿄로 올라와 일본 맥도널드의 최고 경영자 후지타 덴을 찾아갔습니다. 일주일 동안 경비실에서 쫓겨나며 거절당했지만 포기하지 않고 만남을 시도한 결과 드디어 후지타 덴을 만났습니다. 미국 유학을 준비 중이던 소년은 후지타 덴에게 자신이 찾아온 이유를 말했습니다.

"저는 미국으로 건너가 공부할 생각입니다. 세계적인 CEO가 되려면 무엇을 배워야 할까요?"

후지타 덴은 소년에게 이렇게 말합니다.

"미래는 인터넷, 노트북, 소형 컴퓨터의 시대가 될 것이니 그것 들을 잘 배우게."

소년은 미국으로 건너가 컴퓨터를 전공했고 졸업 후 일본으로 돌아와 회사를 설립했습니다. 그 회사가 바로 소프트뱅크입니다. 그리고 후지타 덴을 만나려고 일주일을 기다렸던 소년이 일본에서 가장 큰 부자이자 일본의 빌 게이츠라 불리는 젊은 날의 손정의였 습니다. 후지타 덴은 이렇게 회고합니다.

"16세의 소년이 일주일간 계속 나를 찾아왔다. 모르는 소년이었 지만 매일 찾아오기에 15분 동안만 만났다. 그가 바로 지금의 손정 의 회장이다. 그는 미국에 가서 무엇을 공부하면 좋을지 물었다."

손정의는 일본으로 돌아와 후지타 덴을 저녁식사에 초대했고 초 대받은 후지타 덴은 오래전 자신을 찾아왔던 고등학생이 바로 눈 앞에 있는 손정의였다는 사실에 감격해서 컴퓨터 300대를 그 자 리에서 주문했습니다. 이후에도 정신적인 멘토로서 후원을 아끼지 않았다고 합니다.

소년 시절 손정의는 어리지만 미래에 자신이 어떤 것을 배우고 익혀야 경쟁력이 있을지 그것을 알고 준비하고 싶었습니다. 자신 의 꿈은 과거가 아닌 미래 사회와 연관이 있다고 생각해서 자기보 다 더 멀리 내다보는 미래력을 갖춘 사람을 찾아간 것이죠. 이처럼 진로 의식과 미래 의식을 동시에 갖춘 청소년은 훗날 어떤 인물이 될지 모릅니다. 막연히 하고 싶다는 바람을 넘어서서 구체적인 목표와 계획을 세우고 여기에 지치지 않는 열정과 끈기를 더했더니 정말 큰 인물이 되었습니다. 성공학도 학문입니다. 학문이라는 것은 이론과 검증이 이루어졌기에 어느 누구나 배워서 자신의 것을 만들 수 있다는 것입니다. 꿈도 꿔 본 사람이 잘 꾸는 것이고 성공도 배워 나가는 것입니다. 아이들에게 꿈은 사치와 낭비가 아니라 밥과 같은 것이라고, 먹어도 그다음 날 또 먹어야 하는 것이라고 말할 수 있는 마인드가 부모에게 필요합니다.

시수와 사브라

핀란드어에 '시수Sisu'라는 표현이 있습니다. 역경에 맞서는 힘을 의미하지만 그보다 더 큰 뜻이 있는 단어인데요. 일종의 '가슴에 품은 불' 같은 것이라고 합니다. 『무엇이 이 나라 학생들을 똑똑하게 만드는가』라는 책에서 저자 아만다 리플리는 이 단어에 대하여 구체적으로 설명합니다.

"시수는 배짱과 용기, 격렬한 열정과 끈기를 복합적으로 표현하는 단어다. 대부분의 사람들이 포기했을 만한 상황에서도 계속 싸우는 능력 그리고 이기겠다는 의지를 가지고 임하는 태도를 가리킨다."

핀란드인의 태도와 사고방식을 이보다 더 잘 요약한 단어는 없을 것이라고 합니다. 북극권의 언 땅에서 감자를 길러 내는 능력과 끈기가 바로 이 시수 정신입니다. 시수야말로 핀란드가 아무도 관심이 없었던 변방 국가에서 교육 강대국으로 일어설 수 있었던 원동력이었습니다. 시수를 이해하면 이 작은 나라가 어떻게 '앵그리버드' 같은 히트 게임뿐 아니라 '노키아', '마리메코', '리눅스'를 만들 수 있었는지를 이해할 수 있습니다. 시수는 절대 포기하지 않는 조용한 힘, 추운 나라에서도 결코 얼어붙을 수 없는 '열정'입니다. 대기업 노키아는 망했지만 회사를 나간 사람들이 더 많은 중소기업을 창업한 사례 역시 시수를 보여 줍니다. 영어에는 시수에 해당하는 단어는 없지만 투지, 기개를 뜻하는 '그릿grit'이 그나마 가장 유사한 단어입니다. 척박한 환경을 오히려 큰 축복으로 바꾼 이들의 열정을 느낄 수 있습니다.

유대인에게도 '사브라'라는 말이 있습니다. 유대인은 자녀를 선인장 꽃의 열매인 사브라라고 부릅니다. 왜 그렇게 부를까요?

"선인장은 사막의 악조건에서도 살아남는다. 우리 민족은 선인장 같은 존재다. 물 한 방울 없는 악조건 속에서 어떻게든 살아남았고 또 살아남는 것을 넘어서서 훌륭한 열매를 맺어 왔다. 그러니 환경에 굴복하지 말고 환경을 뛰어넘어야 한다."

이런 의미를 담아 자녀를 사브라라고 부르는 것입니다. 실제로 이들은 담대하고 배짱이 있습니다. 사막이라고 살아남지 못할 이유가 없다는 생각이 강합니다. 우리 속담에 '호랑이 굴에 들어가도 정신만 바짝 차리면 살아남는다'는 마인드가 이들 DNA속에는 내재되어 있는 것이지요. 유대인은 항상 유목 생활을 하는 나그네였고 언제 어떻게 흩어질지 몰랐기에 부모도 의지하지 말고 어떤 상황에서든 혼자서 살아남을 수 있어야 한다고 교육합니다. 유럽에서 유대인들은 법에 의해 토지와 부동산을 소유할 수 없었습니다. 그래서 눈에 보이는 물리적 재산이 아닌 몸 안에 저장 가능한 '지혜'와 '지식' 그리고 '생존력' 등 겉으로 보이지 않는 내적인 역량을 키워 주는 교육을 할 수밖에 없었습니다.

자녀를 선인장 꽃의 열매로 부르는 이들이기에 유대인은 이른 나이인 10대 초반에 성인식을 치릅니다. 자녀의 독립심을 키워 주기 위해서입니다. 살아남는 능력은 독립심에서 나오는 것이고 이 독립심은 스스로 결정할 수 있는 능력을 키워 주는 것부터 시작됩니다. 그래서 유대인은 10대 초반 성인식을 치를 때 들어오는 돈을 스스로 계획적으로 운영할 수 있도록 허락합니다.

이제 미래 사회는 역경을 극복한 인재, 그래서 내면의 힘이 강하면서 잠재력이 풍성한 사람을 원합니다. 대학도 그렇습니다. 그런데 이 '역경 극복'을 많은 사람들이 오해합니다. 부모님이 아프거나 집안이 망하는 일, 혹은 6.25나 IMF 같은 국가적 환난들만 역경이라고 생각합니다. 이것은 모두 역경 극복 스토리를 오해해서 그렇습니다. 역경 극복은 외부의 비극적인 상황에서만 비롯되는 것이 아니라 내 안에서부터 나옵니다. 그렇다면 요즘은 왜, 역경 극복 스토리와 문제 해결 사례가 드물까요? 바로 도전하지 않고 안주하기 때문입니다.

꿈이 있고 열정이 있으면 뭔가 시도하게 되고 이 과정에서 자연스럽게 어려움이 생기고 이기기 위해서 고군분투하게 됩니다. 이것이 바로 역경 극복입니다. 대부분의 학생은 시도조차 하지 않고 무미건조하게 십대를 보냅니다. 이럴 때일수록 부모들은 도전해도 괜찮다고 격려해 주고 자신이 안전그물 역할을 해 주어야 합니다. 그러면 자신의 '편'이 있다는 생각에 아이들도 이것저것 시도합니다. 부모들은 자녀들에게 십대 때는 뭘 해도 괜찮다고 지지해 주는 것이 좋습니다.

아이의 열정을 키워 주기 위해 부모가 해야 할 일

학력고사나 수학능력시험이 아니라 학생부종합전형으로 대학에 가는 시대입니다. 부모들은 학교생활기록부와 자기소개서와 면접으로 대학에 간다는 것을 잘 이해하지 못합니다. 일단 본인들이 경험을 해 본 적이 없기 때문에 막연하기도 하고 점수와 숫자로만 사람을 뽑는 사회 시스템에 익숙하기 때문입니다. 그래서 학교생활기록부와 자기소개서와 면접은 왠지 한 장소에서 시험 보는 것에 비해 뭔가 공정성이 없고 불안하다고 느낍니다. 학부모 강의와 상담을 하다 보면 가장 많이 받는 질문이 있습니다.

"잠재력, 가능성, 열정으로 학생을 뽑는다는데 이게 대체 기준이 뭐예요? 열정, 잠재력, 가능성이 평가가 되나요? 그리고 도대체 인성으로 사람을 뽑는다는데 인성도 시험처럼 점수와 기준이 있나요?"

과연, 열정은 평가가 가능할까요? 의외로 사람들은 타인의 열정을 매우 쉽게 파악하고 평가할 수 있습니다. 방송인 백지연이 쓴『무엇이 되기 위해 살지 마라』라는 책을 보면 세계은행 총재 김용의 이야기가 나옵니다. 미국 다트머스대학교 총장을 역임했던 시절 그는 입학사정관으로 면접에 참여했습니다. 그가 이런 말을 했습니다.

"열정은 우리 눈에 아주 잘 보입니다. 시켜서 했는지 좋아서 했는지……."

다음 사례를 한번 살펴보겠습니다.

〈A 학생〉

고등학교 3년 동안 내신 1등급.

학교는 무조건 서울대 들어가기로 정했고 아직 학과는 미정. 수능 모의고사도 1등급. 내신과 수능 점수에 맞춰 합격 가능성 높은 학과에 가겠다는 생각을 부모와 학생 모두 가지고 있음. 공부로 바쁜 와중에 비교과 활동도 열심히 참여. 교내 수필대회 장려상, 과학 캠프 참여. 헌혈 봉사 활동 및 도서관 봉사 활동. 동아리는 음악 감상부. 학생회 활동 및 1학년 때는 반장이었음.

〈B 학생〉

고등학교 3년 동안 내신 2등급.

중학교 때부터 CEO의 꿈을 가지고 있음.

고등학교 입학하자마자 '경영 & 스타트업 동아리'를 만듦.

외국과 대한민국의 성공 기업과 CEO를 찾아 연구하고 장단점을 분석하는 시간을 갖고 자료를 찾는 '덕후질'이 제일 행복함. 이 자료를 찾고 올리는 개인 블로그가 있음. 신생 동아리라서 인지도가 낮고 학생들의 참여가 저조해 주변의 다른 학교를 찾아가 연합 동아리까지 만듦.

취미는 유명한 CEO에게 멘토링 편지를 쓰는 것. 답장이 오지 않을 때가 많지만 최근에 유명 CEO 2명에게 답 메일을 받음.

성공한 스타트업 회사의 창업자들이나 중견 기업의 대표들을 초청해 3개월마다 한 번씩 강연을 들음. 처음에는 바쁜 분들이라 시간이 여의치 않았지만 B학생의 열정에 감동되어 B학생의 동아리에 기꺼이 강의를 하러 와 주심. 나중에는 이 행사가 지역 학교 전체로 커져 그 지역 학생들이 강당에서 유명 CEO의 강연을 듣게 되었음. 유명 인사와의 인맥으로 학교 불우 학생을 위한 기부금 모금까지 성공.

_출처 :『학교생활 잘해야 대학도 잘 간다』

만약 이 책을 읽고 있는 본인이 명문대 경영학과 교수라면 A와 B 중 어떤 학생을 뽑아 가르치고 싶은가요? 정말 미안하고 안타깝지만 A학생만이 인재라고 치켜세워 주던 시대는 90년대까지입니다. 세상이 바뀌어 대학과 기업은 B학생을 인재로 더 선호합니다. A학생의 부모님은 당장 청소년기까지는 자녀가 순응적이므로 마음은 편할 것입니다. 하지만 이 아이는 그 교실, 그 학교 안에서만 인정을 받을 뿐이지 20대 이후, 오히려 자신이 원하는 대기업에 취직하기 힘들 수도 있습니다.

세계의 명문대나 우리나라 상위권 대학만 하더라도 애초에 공부 잘하는 아이들이 모인 곳이라서 학생들의 성적이 높은 것은 별 차이가 없지만 열정은 정말 차이가 많이 난다고 입학사정관들은 말합니다. 과거에 공부를 하고 성적을 올리는 과정에서 공부를 즐겼는지 사교육을 시켜서 했는지 다 표시가 난다는 것입니다. 이것은 자기소개서에도 그대로 묻어납니다. 앞으로는 이 열정을 '역량'의 중요한 한 요소로 보고 평가를 강화합니다. 왜냐면 미래 사회는 시켜서는 도저히 살아갈 수 없는 사회이니까요. 이 논리라면 열정은 정말 평가 가능한 것입니다. 이제 '알고 있다'가 중요한 게 아니라 '할 수 있다'가 중요한 세상입니다. 인재의 정의도 달라졌습니다. '알고 있는' 인재는 머리로만 알고 있는 것이지만, '할 수 있는' 인재는 머리 외에 마음과 정신과 행동도 준비된 사람이기 때문에 미래 사회에 더 필요한 존재입니다. 성공은 지식적 영역이 아니라 지식과 정신과 마음과 행동이 조화되어야 나오는 전인격적인 산물이기 때문입니다. 그런데 우리는 여전히 성공이 엉덩이 붙이고 독서

실에서 하는 공부, 시험 점수 잘 맞는 것으로부터 나온다고 착각합니다.

덴마크 심리상담사인 예스퍼 율은 『내 아이의 10년 후를 생각한다면』이란 저서에서 이렇게 말합니다. '아이의 10년 후를 생각한다면 아이를 쫓아다니기에 바쁜 헬리콥터 맘이 되지 말고 진득하게 한자리에 자리 잡고 불빛을 비추어 주는 등대 맘이 되라'고 말입니다. 엄마의 극성은 아이의 열정 향상에 전혀 비례하지 않습니다. 사람은 최선을 다해 노력해서 바라는 것을 성취하면 내적인 보상을 받도록 생물학적으로 설계되어 있다고 합니다. 도전은 아직 내 앞에 펼쳐져 있지 않는 미지의 영역에 용기 내어 발을 내딛는 것입니다. 그러니 자신에 대한 '믿음'과 '희망'이 있어야 합니다. 사람에게는 더 나아지고 싶은 향상심이라는 본능이 있고 도전해서 성취할 때마다 성장하는 것에 대한 기쁨을 느낌과 동시에 자신감도 자랍니다. 이때 뇌에서 나오는 물질이 도파민인데 이 도파민은 사람이 도전하는 연료 역할을 합니다. 아이가 처음 걸음마를 하거나 자전거를 타기 위해서는 수많은 뉴런이 연결되는 과정을 거쳐야 하는 것처럼 생물학적 성공 회로가 아이 안에 최적화되도록 도전과 끈기로 극복하는 경험을 부모가 먼저 허락해야 합니다. 그런데 이러한 경험을 엄마가 대신해 준다면 10년 후 아이는 어떻게 될까요? 열정을 키워 주기 위해 부모는 먼저 나서서 무엇인가를 하지 않고 참고 기다려 주는 인내심이 필요합니다.

나의 가치를 높여 주는 자존감

진로와 입시 상담을 할 때 아쉬운 점은 학생들의 꿈이 정말 작다는 것입니다. 자신의 안락함과 이익 추구를 뛰어넘어 사회에 기여하고자 하는 비전이 없거나 약한 학생이 정말 많습니다. 경제가 어렵다 보니 안정과 돈만을 추구하는 경우도 정말 많습니다. 모두 위축되고 주눅 들어서 닭처럼 땅만 바라보고 있지 독수리처럼 하늘에서 내려다보는 아이가 드뭅니다. 무식하다고 손가락질 받아도 질문하는 용감한 사자 같은 학생이 없습니다. 그런데 대체 왜 비전이 작을까요? 진짜 나의 가치를 실감하지 못하기 때문입니다. 자존감의 출발은 자기 자신을 어떻게 보느냐에 달려 있습니다. 행복하고 풍성한 삶의 시작은 '긍정적인 자아상'입니다.

사랑받는 아이들은 도전합니다. 실패해도 부모가 쿠션처럼 받쳐 주고 보호해 준다고 믿기 때문에 도전과 실패에 대한 두려움이 적습니다. 서커스 곡예사들이 그물망이 있을 때 더 과감하게 연기할 수 있는 것과 똑같습니다. 그러므로 부모는 자녀가 호기심을 갖는 일에 도전할 수 있도록 동기부여를 해 주어야 합니다. 진정한 비전 발견의 시작은 내가 사랑받고 있고 나는 어려워도 결국 해낼 것이라는 자기 믿음으로부터 시작합니다.

자존감이 높은 사람은 볼품없고 내세울 것 하나 없는 최악의 환경에 있어도 고귀함을 잃지 않고 나는 잘될 것이라고 믿습니다. 시궁창 같은 환경에서도 결코 자신에 대한 품위를 잃지 않습니다. 우리는 꿈을 이루고 성공한 사람들에게서 이런 높은 역경지수를 많이 봅니다. 나에 대한 믿음이 강한 것도 '실력'입니다. 집이 망해서 지지리 가난해도, 시험에 떨어져도, '지금은 과정일 뿐 결국 나는 잘될 거야'라고 이 세상 어느 누구도 나를 믿어 주지 않을 때 유일하게 나를 믿어 주는 것입니다. 이렇게 나는 결국 잘되고 해낼 것이라는 자기 자신에 대한 믿음을 가지는 것이 '자기효능감'입니다. 자기효능감이 있는 사람들은 지금 자신이 처한 현실이 힘들고 특별히 내세울 만한 잘난 것이 없다고 해도 포기하지 않습니다. 언제인지는 몰라도 결국 해낼 것이고 설사 해내지 못한다 하더라도 과정 속에서 행복했기에 난 손해 본 것이 없다고 쿨하게 생각합니다.

그리고 어린 시절부터 자존감을 키워 줘야 하는 이유가 하나 더 있습니다. 많은 학생들을 만나 봤는데 그래도 자존감이 있고 자기 자신을 사랑하는 아이들은 방황은 하더라도 비행은 하지 않습니다. 청소년이다 보니 때로는 일탈을 하기도 하지만 결정적인 순간, 극단적인 선택을 할 때 고민하고 조심하는 모습을 보였습니다. '아, 내가 지금 이러면 안 돼. 이 선까지 넘으면 완전히 망가질 거야'라고 생각하며 자기를 사랑하고 아끼기 때문에 최악의 결과로 이끄는 선은 넘지 않는 것입니다.

행복한 인생의 걸림돌 : 자기애와 조건부 자존감

사회가 급변하고 경제가 불안한 시대인지라 공교육 자체가 비교적 일찍 진로 교육을 해 주려고 합니다. 그래서 싫든 좋든 일단 꿈을 적어서 냅니다. 그런데 앞에서도 말했듯이 꿈이 작고 비전이 없는 경우가 정말 흔합니다. 그런데 꿈이 작고 비전이 없다는 말을 더 구체적으로 표현하면 무슨 말인지 아시나요? 바꿔 말하면 결국 '자기만을 알고 자신의 유익만을 생각한다'는 것입니다. 그런데 학생들을 만나 보면 가끔 자존감이 높아 보이는데도 유달리 비전이 작은 학생들이 있습니다. 왜 그럴까요? 그건 자존감으로 보였던 것이 사실은 '자기애'이기 때문입니다. 요즘 학생들은 자존감이 아니라 자기애로 똘똘 뭉친 경우가 더 많습니다. 왜냐면 부모님이 자존감을 키워 준다면서 자기애를 키워 주었기 때문입니다. 어머니나 선생님이 과정이 아닌 겉으로 보여지는 결과만 칭찬하거나 실제로는 그렇지 않은데 허황되고 겉도는 칭찬을 자주 하는 경우가 그렇습니다. 아이가 스스로 하는 것이 아니라 과제도 어머니가 거의 다 해 준다거나 아이가 잘못했을 때 기죽이지 않는다면서 혼을 내지 않고 넘어가는 것도 모두 자기애만 키워 주는 행동입니다.

또 요즘은 미디어와 인터넷, SNS를 통해 화려한 외모와 라이프 스타일에 굉장히 많이 노출되어 있습니다. 그래서 더욱 상대적인 박탈감과 비교 심리 그리고 열등감이 자기애로 표출되기도 합니다. 이 자기애는 외부적으로 받는 평가와 칭찬에 민감하고 자기가 기대한 대로 되지 않으면 괴롭고 때로는 분노를 표출하는 지경에까지 이릅니다. 자기 내면이 빈약하기 때문에 외부적으로 받는 칭찬과 확신이 더욱 필요한 것이죠.

더 위험한 것은 '조건부 자존감'입니다. 어떤 위치와 지위에 있느냐에 따라 자신의 가치를 평가하는 것입니다. 다른 사람들에 비해 성공했느냐 실패했느냐에 따라 스스로를 평가하는 조건부 자존감으로는 지속적인 노력을 해 나갈 수가 없습니다. 실패를 피하는 최선의 방법은 승부에서 아예 빠지는 것 즉 시도조차 하지 않는 것이라고 잠재의식 속에서 단정 지어 버리기 때문입니다. 조건부 자존감을 가진 사람들은 경쟁에서 이기려고 합니다. 하지만 조건부 자존감이 아닌 진짜 자존감이 높은 사람은 남과 비교하고 경쟁하는 것이 아니라 자신의 최고치를 달성하는 것에만 집중합니다. 이제 미래 사회는 건강한 자존감을 소유한 인재를 원합니다. 건강한 자존감이 있어야 길고 긴 인생길을 주체적으로 행복하게 살 수 있고 이런 사람이 결국 사회를 건강하게 성장시키기 때문입니다. 건강한 자존감이 없는 경우 언젠가는 곪아 터지는 것을 우리는 그동안 많이 봐 왔지 않나요? 그렇다면 건강한 자존감을 소유한 미래 인재는 어떻게 나올까요? 가정, 학교 내 아이를 둘러싼 공동체 모두의 노력이 조화될 때 나옵니다.

성과보다 중요한 것, 적극성과 도전

이처럼 자존감은 사람들의 선택과 행동을 좌지우지합니다. 실제로 자존감이 부족한 학생들은 지레짐작만으로 쉽게 포기하고 때로는 자기 합리화까지 하는 경우를 많이 봅니다.

"어차피 이번 시험은 공부해도 70점 맞을 거야. 해도 70점, 안 해도 70점이면 그냥 노는 게 나아."

때로는 시도조차 하지 않습니다. 이제 대학 입시에서도 수시 학생부 종합전형이 중요한데 비록 교과 성적이 낮아도 자존감이 있고 자신의 꿈이 명확하다면 자신에게 맞는 교내 활동에 그럼에도 불구하고 도전합니다. 자존감과 자신감이 부족한 학생은 자신이 성적이 낮으면 낮다고, 임원이 아니면 임원이 아니라는 이유로 참여를 주저합니다. 특히 중하위권 학생들은 교내 활동에서 주도적인 역할을 못 하고 회장이나 팀장이 안 되면 활동을 아예 안 했다고 생각하는 경향이 있습니다. 그리고 상위권 학생과 비교해서 자신의 스펙은 사소한 활동이라고 여겨 아예 자기소개서에 쓸 생각조차 못 하는 경우를 많이 봅니다. 그런데 성과가 많지 않아도 이런 프로그램을 활동하는 과정에서 자신의 생각이 바뀌고 진로를 정하는 데 어떤 영향을 받았다면 그 자체로 값진 경험입니다. 이처럼 자존감이 부족하면 학교 활동에도 적극적으로 참여하지 못하니 눈에 띄는 성과를 내기도 어렵고, 참여해도 어떻게 자신의 진로와 연결시킬지 모르는 경우가 많습니다. 적극적으로 도전해야 악순환을 끊을 수 있습니다. 실제로 컨설팅을 했던 어떤 학생은 자신을 과소평가하고 자신의 잠재력을 하찮게 여겨 학교생활에서 이런저런 시도조차 하지 않아서 기회를 놓친 것을 얼마나 아까워했는지 모릅니다. 전설적인 아이스하키 선수 웨인 그레츠키가 한 말이 떠오릅니다.

"시도하지 않을 때마다 성공할 수 있는 기회를 놓치는 것이다."

실패를 모르는 완벽한 사람이 아니라 실패했을 때 일어나고 실패를 통해 성공의 본질을 더 잘 깨닫는 사람이 되어야 하는 이유가 여기에 있습니다.

2
평생 쓸모 있는
공부 능력 키우기

평생 공부의 달콤함

자고 일어나면 새로운 정보와 지식, 기술이 생깁니다. 그와 관련된 일자리도 빠른 속도로 생기고 있습니다. 미래에는 한 사람이 평균 10종의 직업을 갖고 산다고 합니다. 또 전문가의 말에 따르면 이제 어느 분야의 전문가로 활동하기 위해서는 4년마다 완전히 새로운 내용을 학습해야 한다고 합니다. 일과 배움이 두 발처럼 병행이 되어야 하는 것이죠. 그런데 우리나라 학생들은 12년 동안 공부에 질려 버립니다. 그래서 평생 교육, 평생 공부라는 말을 들으면 학을 뗍니다. 취업을 위해서도, 직장을 잡은 다음에도 공부가 필요한데 공부에 지쳐 버린 것입니다.

평생 공부를 하려면 일단 공부가 즐거워야 합니다. 공부가 즐거우려면 내가 하고 싶은 공부를 하면 됩니다. 그리고 진짜 공부를 하면 즐겁습니다. 여기서 말하는 진짜 공부는 주입식 암기가 아니라 창조적인 공부를 말합니다. 암기력을 테스트하는 공부, 시험 문제 풀이 기술을 측정하는 공부는 진짜 공부가 아닙니다. 창조적인 공부는 지적 호기심으로부터 비롯된 문제 해결을 위한 탐구를 말합니다. 유대인의 공부는 삶의 문제를 해결하는 것에 관심이 많아 암기하는 공부가 아니라 생각하는 공부를 합니다. 생각해야 해결책이 나오기 때문입니다. 히브리어로 '가르치다'라는 말은 '목마름을 일깨우다'는 뜻에서 나왔다고 합니다. 히브리 산파들은 짓이긴 대추야자가 담긴 그릇에 손가락을 담갔다가 갓 태어난 아이의 입에 대주었습니다. 신생아들에게 목마름이 무엇인지 그리고 그 목마름 뒤에 오는 달콤함이 어떤 것인지 몸으로 기억하게 만든 절차였습니다. 그런데 우리는 목마름을 일깨워 주는 과정이 없이 무조건 열심히 우물을 찾으라고만 합니다.

앞으로는 어린 시절부터 교육의 목적을 '성장 마인드셋growth mindset'을 길러 주는 데 중점을 둬야 합니다. 스탠퍼드대학 심리학 교수인 캐롤 드웩은 '우리가 고정된 마인드셋을 가지고 있는지, 성장 마인드셋을 가지고 있는지에 따라 삶을 살아가는 태도가 달라진다'고 말합니다. 성장 마인드셋은 자신이 발전할 수 있다는 믿음의 힘을 말합니다. 설령 실수하더라도, 또 어려움이 다가오더라도 그 경험을 통해 배우고 자신이 성장할 수 있다고 믿는 사고방식입니다. 이런 사고방식을 가진 사람들은 호기심을 가지고 지속적으로 배우려고 노력하며, 실패나 역경도 잘 극복합니다. 미래를 살아갈 아이들은 새로운 기술과 아이디어를 끊임없이 학습할 준비가 돼 있어야 합니다. 부모는 아이들에게 그렇게 할 수 있다는 자신감과 '자기효능감(나는 어떤 상황에서든지 결국 해낸다는 마음가짐)'을 키워 주어야 합니다. 그래야 미래 사회를 살아갈 때 쉽게 포기하지 않는 행복한 평생 학습자가 될 수 있습니다. 그래야 공부는 재미있고 당연히 해야 하는 것으로 여겨, '평생 학습 시대'에 살아남는 사람으로 자랄 수 있습니다. 직업을 바꿀 때마다 학원만 의존할 수는 없는 노릇이죠. 그러면 이미 그 학원에 사람이 넘치는데 또 끝물을 타고 남 꽁무니만 쫓아가는 들러리 역할만 하다 끝날 수도 있습니다.

공부 로맨스를 키워 주라

부모들은 자기주도 학습 능력은 어릴 때부터 형성시켜 주면 좋다는 것을 아주 잘 알고 있습니다. 하지만 자기주도 학습 능력은 수준 높은 실행 능력이라 갑자기 하루아침에 벼락치기로 완성될 수 없습니다. 아이는 걷기 위해 평균 2,000번 정도 넘어지며 시행착오를 경험한다고 합니다. 자기주도 학습도 당연히 수많은 연습과 시행착오가 필요합니다. 부모는 자녀가 그 과정을 지속할 수 있도록 다독이고 방향을 제시해 주어야 합니다. 그런데 여기서 절대 오해하면 안 될 것이 초등 저학년까지는 엄밀히 말해 제대로 된 자기주도 학습을 할 수가 없습니다. 제대로 된 자기주도 학습의 과정은 크게 3단계로 이루어집니다. '목표설정 → 그 목표를 이루기 위한 구체적인 계획과 실행 → 반성과 개선(피드백)'. 그런데 초등 저학년 아이들은 아직 자아가 발달되지도 않았습니다. 그러니 제대로 된 목표 설정부터 피드백까지가 거의 불가능합니다. 그런데도 학부모 님들은 자기주도 학습을 '엉덩이 붙이고 혼자서 하는 학습'이라고 오해해서 초등 저학년 아이가 혼자서 문제집을 많이 풀어 내길 바랍니다. 어릴 때는 자기주도 학습 능력의 씨앗을 키워 주고 공부가 즐거운 것이라고 경험하게 해 주는 것이 중요하지 자기주도 학습 자가 되라고 압력을 가하면 절대 안 됩니다.

대신 '공부 로맨스'를 키워 주세요. '물고기 잡는 법'이 아니라 '바다를 미치도록 그리워하게' 해 주어야 합니다. 이제 지식은 내 손 안의 스마트폰이 언제든지 알려 줍니다. 무엇보다 자신이 호기심 을 갖는 그 대상에 대하여 탐험하는 과정 자체가 여행처럼 즐겁고 꿀처럼 달콤하다는 것을 가르쳐 주어야 합니다. 하버드대학교 교육학 교수였던 화이트헤드는 그의 저서 『교육의 목적』에서 '공부 로맨스'라는 개념을 말합니다. 화이트헤드는 교육이란 자동차 부품을 가져다가 조립해서 하나의 자동차를 만들어 내는 과정 같은 것이 아니라 스스로 성장하려고 하는 하나의 생명체가 보다 효율 적으로 성장할 수 있는 환경을 주는 것이라고 봅니다. 공부 로맨스 의 단계를 예를 들어 보겠습니다. 지금 아이가 고전 읽기나 과학이

나 어떤 스포츠의 세계가 매력적이라는 것을 처음 느꼈다고 해 보겠습니다. 전에는 그것들에 관심이 없었기 때문에 그것들이 존재하지 않는 거나 마찬가지였습니다. 그런데 문득 그것들이 흥미롭게 느껴집니다. 이것이 로맨스의 시작 단계고 인식의 단계입니다. 공부는 그 대상이 무엇이든 그 과정을 사랑하면서 자기만의 의미를 찾아가는 것이며, 그런 과정을 몰입하다 보면 드디어 공부 로맨스에 빠지게 되어 더 깊고 넓은 의미의 세계를 구축해 가게 됩니다. 이때 인간은 공부를 하면서 충만함, 희열을 느낍니다. 그래서 공부는 인간의 욕망에서 결코 빠질 수 없는 것입니다. 화이트헤드는 "두세 가지의 과목을 깊게 공부하는 체험을 12세 이전에 해야만 공부 로맨스가 생긴다"고 했습니다. 어릴 때부터 이것저것 많은 것을 가르쳐야 한다고 생각하는 우리의 관점과는 정말 다릅니다.

1만 시간의 법칙과 공부 로맨스

많은 부모들이 어릴 때부터 재능을 발굴해서 시간과 노력을 투자하지 않으면 성공할 수 없다는 강박관념에 사로잡혀 있습니다. 특히 내 아이가 영재인데 내가 뒷바라지를 못해 줘서 이 재능이 사장되면 어떡하지 걱정하시는 부모들도 있습니다. 어린 시절부터 빨리 무언가를 시켜서 비교적 젊은 시절부터 빛을 발하길 바라는 분들도 적지 않습니다. 이러한 생각을 가지게 된 근거를 물어보면 대부분 말콤 글래드웰이 쓴 『아웃라이어』에 나온 '1만 시간의 법칙'을 인용합니다. 모차르트와 김연아는 어린 시절부터 시작해서 스무 살에 이미 1만 시간을 달성한 사람들이니 어릴 때부터 뭔가를 시키면 성공할 것이라고 생각하는 겁니다. 그런데 이 책을 자세히 읽어 보면 '1만 시간의 법칙'은 개인의 흥미와 적성, 시대적 배경과 관련이 있는 것이지 억지로 1만 시간을 채우는 것이 아닙니다. 특히 부모가 억지로 시켜서 하는 1만 시간은 결코 성공으로 이어질 수 없습니다. 1만 시간을 시작하기 전에 한 분야에 대한 공부 로맨스가 필요합니다. 다시 말해 1만 시간은 로맨스가 자라는 시기로, 스스로 호기심을 키우고 열정을 확장시키고 탐구하는 시간을 의미합니다. 치열하게 그 안에서 고군분투하면서 실패도 하고 이겨 나가는 몰입 과정인 것입니다. 비틀즈의 1만 시간은 학교에서 음악 수업을 받은 게 아니라 음악을 좋아하는 친구들끼리 밴드를 만들어 자신들만의 새로운 음악 스타일을 창조하고 시도한 시간이었습니다. 빌 게이츠 또한 일찍부터 컴퓨터를 접할 수 있었고 본인의 흥미와 적성을 자유롭게 탐색할 수 있는 환경이 주어졌기에 성공이 가능했습니다. 김연아의 1만 시간의 시작도 자신의 흥미로부터였습니다. 즉 먼저 그 일을 사랑한 다음 시간 투자와 훈련이 이루어져야 하는 것입니다. '재능이 있다'는 건 '더 오래 노력한다'는 것입니다. 재능이 있다는 것은 남들보다 더 적게 노력하고 대충해도 버틸 수 있다는 뜻이 아니라 오히려 그 분야에서 지치지 않고, 더 많이 더 오래 노력하는 연료 공급까지 스스로 할 수 있는 것을 말합니다. 끈기와 투지가 필요한 것이죠.

참 아이러니하게도 진짜 공부는 학교 문을 나서면서부터 시작되는 건지도 모르겠습니다. 어느 한 분야와 로맨스에 빠져 끈기를 가지고 훈련하는 1만 시간의 법칙은 진정 학교 졸업 후 이루어지니 말입니다. 『공부의 달인, 호모쿵푸스』의 저자 고미숙은 이렇게 말합니다. "공부란 질문이다. 그리고 질문의 크기가 곧 삶의 크기를 결정한다." 그런데 그 질문은 학교 안에서만 이루어지는 것이 아니라 인생을 살아가면서 하게 됩니다. 앞으로 100년의 시간을 살아갈 인간에게 공부는 어쩌면 삶의 기쁨이 담겨 있는 신이 주신 선물일 수도 있습니다. 매일 매일이 크리스마스인 것처럼 선물을 열어보기 전의 그 설렘이 공부로부터 시작될 수도 있기 때문입니다.

● 핀란드어 '시수'는 역경에 맞서는 힘을 뜻하지만 그보다 더 정확하게는 '가슴에 품은 불'을 의미한다. 배짱과 용기, 격렬한 열정과 끈기를 복합적으로 표현하는 단어다. 척박한 환경을 오히려 축복으로 바꾸는 이 투지와 열정이야말로 미래 사회의 주인공이 될 아이들에게 반드시 필요한 자질이다.

● 사랑받는 아이들은 도전한다. 부모가 아이의 도전에 기꺼이 안전망이 되어 줄 때 아이들은 스스로에 대한 믿음을 갖고 최악의 환경에서도 결국 해낼 것이라는 자신감과 품위를 잃지 않는다.

● 아이에게 가장 위험한 것은 '조건부 자존감'이다. 이는 어떤 위치와 지위에 있느냐에 따라 자신의 가치를 평가하는 것으로 쉽게 포기하고 지속적인 노력을 해 나갈 수 없게 만든다. 진짜 자존감이 높은 사람은 남과 비교하고 경쟁하는 것이 아니라 자신의 최고치를 갱신하는 것에 집중한다. 아이에게 건강한 자존감을 길러 주는 것이야말로 부모의 가장 큰 유산이다.

● 아이들에게는 '물고기 잡는 법'이 아니라 '바다를 미치도록 그리워하게' 만들어 줘야 한다. 공부는 그 대상이 무엇이든 그 과정을 사랑하면서 자기만의 의미를 찾아가는 것이다. 그런 과정에 몰입하다 보면 '공부 로맨스'에 빠져 더 넓고 깊은 의미의 세계를 구축하게 된다. 화이트헤드는 두세 가지 과목을 깊게 공부하는 체험을 12세 이전에 해야만 아이에게 공부 로맨스가 생긴다고 밝혔다.

4장

티쿤올람
Tikkun olam

세상을 이롭게 하는
가치를 만든다

티쿤올람 Tikkun olam
세상을 이롭게 하는 가치를 만든다

1
—

일자리는 줄지만
일거리는 넘쳐 난다

스스로 부와 가치와 영향력을 만드는 인재

우리가 마주하고 있는 중요한 문제들은 우리가 그런 문제들을 만들어 낼 때와 같은 수준의 사고방식으로 해결될 수 없다.

_알버트 아인슈타인

21세기의 문제는 21세기의 사고와 마인드를 가진 사람만이 해결할 수 있습니다. 창의성을 요구하는 사회 변화는 이제 겨우 시작되었습니다. 2016년 세계경제포럼WEF에서 발표된 〈일자리의 미래〉라는 보고서에 따르면 5년 내에 500만 개의 일자리가 없어질 것이라고 합니다. 이 결과는 전 세계 고용의 65%를 차지하고 있는 15개국의 기업 경영진을 대상으로 설문 조사를 해서 나온 것입니다. 이 경영진들이 21세기 인재에게 가장 필요하다고 생각하는 역량이 바로 '창의성'입니다. 구글에서는 더 이상 성적 증명서를 요구하지 않습니다. 대신 원하는 능력이 있습니다. '정답이 없는 곳에서 뭔가를 알아내는 능력'입니다. 오늘날 기업과 대학은 경쟁적으로 창조적이고 혁신적인 아이디어를 가진 인재들을 서로 끌어가려고 전쟁을 벌이고 있습니다. 이제 학벌은 더 이상 중요하지 않습니다. 아이디어와 실행력만이 실력일 뿐입니다. 대학은 필요한 지식과 기술을 얻기 위한 중간 지점일 뿐이지 졸업장을 따러 다니는 곳이 아니며 졸업한다고 해서 공부가 끝난 것도 아닙니다.

"안락한 여행을 위해 유람선을 기다리는 승객이 아니라 거친 바다를 항해하기 위해 자신만의 요트를 만드는 개척자가 되어야 합니다. 평생 직장, 안락한 직업이 전혀 없는 시대입니다."

고려대 염재호 총장이 2016학년도 입학식에서 신입생들에게 한 연설입니다. 명문대 졸업장으로 안정적인 직업을 구하기를 바라는 것은 2030년대 경제활동을 할 아이들에게 적합한 성공 전략이 아닙니다. 이제 일자리를 찾아서 얻는 것이 아니라, 자신들이 필요한 일자리를 만들어 내야 하는 시대입니다. 초등학생의 65%는 현재 존재하지 않는 직업에 종사할 것이라고 예측하는 시대, '직職' 과 '업業'을 만드는 역량은 이제 창의적인 인재의 또 다른 모습입니다. 창직(創職, job creation)은 창의적인 아이디어를 통해 새로운 직업이나 직무를 만든다는 뜻입니다. 새로운 일자리를 창출하는 일이기 때문에 가능성이 무궁무진하지만 대신 도전 정신과 모험 정신은 필수입니다. 창의적인 인재로 키우는 것이 중요하다는 말은 이제 지겨울 정도로 많이 들어보셨을 것입니다. 그런데 구체적으로 '창의적인 인재'가 어떤 사람이냐고 물으면 대부분 대답을 잘 못합니다. 저는 창의적 인재는 자신만의 방식으로 가치value와 부wealth와 영향력influence을 창출할 수 있는 능력을 소유한 사람이라고 말하고 싶습니다. 자신만의 방식으로 가치와 영향력을 창출하는 방법 중 하나가 바로 창업(스타트업)과 창직입니다.

새로운 비즈니스, 우리도 할 수 있다

스타트업이라는 말을 많이 들어보셨을 겁니다. 21세기는 위기라고 하지만 이 위기의 틈새에서도 새롭게 시스템을 만들어 부를 창출한 사람들이 있습니다. 기존에 짜여진 판에 끼기 위해 치열하게 경쟁하는 것이 아니라 아예 새로 '판'을 짜 버리는 것이지요. 우버와 카카오택시는 스마트폰으로 부르는 콜택시 서비스입니다. 저는 카카오택시를 종종 이용하는데 처음에 이용했을 때 너무나 편해서 깜짝 놀랐습니다. 거리에서 힘들게 손을 흔들거나 기다릴 필요 없이 앱을 클릭하는 것만으로 제가 있는 곳으로 바로 택시가 오고 택시 운전사가 어떤 분인지도 확인할 수 있어 안심이 되었습니다. 외국에 나가서 우버를 불러 편하게 여행했다는 사람들의 경험담도 종종 듣는데 한결같이 모두 편했다고 말합니다. 우버는 2010년 미국 샌프란시스코에서 시작한 스타트업으로 5~6년 만에 세계 37개국 140여 개 도시로 진출했습니다. 승객과 운전사를 직접 연결해 주고 안전한 결제 시스템을 갖춘 덕분에 전 세계적으로 성공할 수 있었습니다. 그리고 무엇보다 우버는 '공유경제'라는 새로운 패러다임(가치)을 만들어 전 세계 사람들을 열광시켰습니다. 스마트폰 앱을 몇 번 터치하는 것만으로 택시를 불러 목적지까지 편하게 갈 수 있는 우버와 카카오택시는 O2O online to offline 비즈니스 모델의 대표적인 성공 사례입니다. 우버의 성공은 전 세계 스타트업들이 O2O 서비스 방식의 새로운 비즈니스 모델을 창출하도록 자극했습니다. 에어비앤비, 주차 대행 서비스 등 여러 서비스가 뒤이어 돌풍을 일으켰고 한국에서도 카카오택시, 배달의 민족, 쏘카, 숙박 앱 등 많은 스타트업이 나왔습니다.

'21세기의 부는 플랫폼에서 나온다'는 말이 있을 정도로 비즈니스에서 플랫폼의 가치는 어마어마하게 커졌습니다. 플랫폼은 2010년 이후 가장 주목받고 있는 경영 전략으로 공급자와 수요자 등 복수 그룹이 참여해 각 그룹이 얻고자 하는 가치를 공정한 거래를 통해 교환할 수 있도록 구축된 환경 또는 네트워크 효과를 창출하는 전략입니다. '이제는 어떤 상품을 만들까? 어떤 서비스를 제공할까?'보다 '무엇을 어떻게 연결할까?'라는 질문이 부를 창출하는 '연결의 시대'입니다.

2017년 3월 기준으로 세계 '유니콘 스타트업(기업가치 10억 달러 이상 스타트업)' 순위를 살펴보면 1위인 우버의 기업가치는 70조 원(680억 달러)이 넘습니다. 2위는 '중국의 애플'로 불리는 샤오미(460억 달러)이며, 3위는 중국판 우버로 최근 우버차이나와 합병한 디디추싱(338억 달러), 4위는 숙박공유 기업 에어비앤비(300억 달러)입니다. 국내 기업은 쿠팡(25위), 옐로모바일(31위), 넷마블게임즈(69위) 3개 기업만이 이름을 올렸습니다.

어떤가요? 지금까지 보지 못한 새로운 비즈니스가 어마어마한 부를 창출하고 있음을 알 수 있겠지요? 이러한 시대 변화로 인해 대단한 IT 전문가가 아니더라도 아이디어 하나만으로 사업을 하는 젊은이들이 많아졌습니다. SNS를 활용하기도 하고 무료로 홈페이지를 만들 수 있는 윅스WIX나 워드프레스wordpress 같은 도구를 활용해 사업을 시작하는 사람도 많습니다. 뜻이 같은 사람들을 SNS를 통해 모으기도 쉽고 자신의 비전과 가치관을 펼치는 것이 편리해져 많은 사람들이 창업을 하고 꿈을 이루어 가고 있습니다. 또 요즘은 디지털 노마드족(유목민)도 많습니다. 노트북만 있으면 그곳이 어디든 일터가 될 수 있는 초연결 사회이기 때문에 회사에 얽매이지 않고 자유롭게 일할 수도 있습니다. 그런데도 기존의 직업관만 아이에게 강요하는 것은 정말 안타까운 일입니다. 물론 모두가 스타트업을 할 수는 없습니다. 하지만 우리 아이들이 살아갈 2030년 이후는 스타트업을 하거나 스타트업 회사에서 일하는 경우가 일반화될 것입니다. 그러므로 부모는 아이가 적극적으로 도전하고 모험을 할 수 있도록 도와주어야 합니다. 전 세계가 나서서 스타트업과 창직을 적극 권하는 시대에 우리는 아이들에게 어떤 자질이 자라도록 물을 주어야 할까요?

티쿤올람과 홍익인간의 정신

이스라엘은 미국 다음으로 스타트업이 많은 나라입니다. 국토는 우리나라의 20%에 불과하고, 인구는 750만 명 정도로 작은 나라이지만, 1년에 새로 만들어지는 기업이 유럽 전체가 만들어 내는 것보다 더 많고 나스닥에 상장한 기업 수는 유럽의 2배에 달하며, 국민 1인당 벤처 펀드 규모는 세계 1위입니다. 유대인이 전 세계적으로 노벨상도 많이 받고 혁신과 창의성에서도 뛰어난 것은 익히 들어서 잘 알고 있으시죠? 이들은 적은 인구, 척박한 자연 환경, 위협 세력(홀로코스트, 주변 중동 국가와의 전쟁 등)으로부터 살아남기 위해서 생존 능력과 도전 정신은 물론 '티쿤올람Tikkun olam'이라는 특별한 철학을 가르칩니다. 티쿤올람은 '세상을 바꾸다'라는 뜻의 히브리어입니다. 이들은 창업에만 적극적인 것이 아니라 정치, 사회, 경제, 문화, 교육 등 모든 영역에서 '발전'을 지향합니다. '인간은 신으로부터 세상을 더 좋게 바꾸라는 임무를 부여받았다'고 믿기 때문입니다. 그래서 창업을 할 때도 일확천금보다는 사회 발전을 지향합니다. 티쿤올람처럼 우리나라에도 널리 인간을 이롭게 한다는 '홍익인간'의 정신이 있습니다. 우리나라도 적은 인구, 작은 땅덩어리, 적은 자원, 강대국들의 잦은 침략 등 이스라엘과 비슷한 점이 참 많습니다. 그런데 우리는 가치관과 교육 방식이 이들과 많이 달라 참 안타깝습니다.

또 하나, 이스라엘에는 '후츠파chutzpah'라는 말이 있습니다. '당돌함, 뻔뻔함, 담대함'이라는 뜻으로 유대인 특유의 도전 정신을 의미합니다. 모든 유대인은 다윗이 골리앗을 이긴 역사를 배웁니다. 약자가 강자에게 도전해서 이기는 이런 배짱이 후츠파의 전형적인 모습입니다. 매년 수백 개의 벤처기업이 생기는 창업 국가, 1인당 벤처 투자가 세계 최고인 나라 이스라엘은 이렇게 하브루타라는 교육 방식과 티쿤올람, 후츠파라는 벤처 정신을 자녀교육에 접목시켰기 때문에 탄생할 수 있었습니다.

그리고 이스라엘과 미국은 어린 시절부터 기업가 정신을 키워주려고 교육합니다. 기업가 정신은 '가치를 창조하고 기회를 인지하며 혁신을 통해 변화를 모색하고 사회적 책임을 잊지 않는 것'

입니다. 아이들에게 기업가 정신을 배우게 하는 이유는 창업을 하든 안 하든 개척 정신과 도전 정신 그리고 자기주도성을 깨닫게 하려는 것입니다. 불확실한 시대 미래형 인재에게 가장 필요한 덕목은 '주도적인 정신과 실천'이기 때문입니다. 이 역량을 어릴 때부터 배우면 아이들은 다양한 상황에서 자신의 감정과 신체를 조절할 수 있고 시간과 소비 행위를 합리적으로 관리하고 통제할 수 있는 능력을 키울 수 있습니다.

이제부터는 우리도 어릴 때부터 자유롭게 사고하고 아이디어를 표현할 수 있는 열린 교육을 해야 합니다. 자신의 적성과 끼를 살려 다가올 미래를 대비할 수 있는 통찰력을 키워 주는 교육이 바로 진정한 '진로 교육'입니다.

학력보다 도전 정신으로 승부를 거는 시대

미국 서부 개척시대는 금광 개발로 골드러시가 시작된 때인데 역마차를 타고 미 대륙을 횡단하는 것은 대단한 모험이었습니다. 그런 모험을 따라 부가 축적되고 철도가 개발됐습니다. 그리고 그런 모험 정신이 이어진 게 오늘날의 실리콘밸리입니다. 이처럼 모험을 통해 스스로 길을 개척하고 창조적인 성과를 일궈 내는 인재가 미래 사회에 더 필요합니다.

과거에는 눈에 보이는 리얼 스페이스real space인 '땅'이 경작의 대상이었습니다. 그러나 이제는 '눈에 보이지는 않지만 가치가 있는 새로운 영역'을 발견·발명하고 개척해 나가는 데 힘을 써야 합니다. 도전 정신과 개척 정신은 황무지를 일구는 데만 필요한 게 아닙니다. 인류의 생존과 발전을 위해 항상 필요합니다.

미국의 청년 '잭 안드라카'는 15살 때 가족처럼 지내던 삼촌이 췌장암 진단을 받아 갑자기 사망하는 슬픔을 겪었습니다. 췌장암은 사망률 95%, 평균 생존 기간이 6개월 정도인 무서운 암입니다. 췌장암이 무서운 이유는 환자의 85%가 말기에 발견할 정도로 병의 증상과 발견이 더디기 때문입니다. 췌장암을 이기는 유일한 방법은 치료가 아니라 조기 발견에 있다고 해도 과언이 아닙니다. 안드라카는 "좀 더 일찍 발견했더라면…" 이라는 아쉬움과 "현대 의학이 이렇게 발전했는데 왜 췌장암은 조기 발견을 못하는 거지?" 라는 의문이 생겼습니다. 이야기는 여기서 끝이 날 수도 있었습니다. 그런데 안드라카는 삼촌을 죽음으로 몰아넣은 병의 정체를 알기 위해 직접 자료를 찾기 시작했습니다. 거창한 연구라고 할 것도 없이 처음에는 그저 사랑했던 사람의 병에 대한 관심과 호기심이었습니다. 이때 안드라카의 과학 지식은 겨우 중학교 수준이었다고 합니다.

그는 구글과 위키피디아로 췌장암에 걸렸을 때 혈액에서 발견되는 8,000개 이상의 단백질 종류를 파악했습니다. 그다음에는 이것들을 각각 확인하면서 췌장암 발병 여부를 확정할 수 있는 단백질 찾기에 돌입했습니다. 전문가들이 쓴 수많은 논문들을 독파하며 길고 지루한 실험을 이겨 낸 끝에, 안드라카는 4천 번째 시도에서 '메소텔린mesothelin' 이라는 이름의 단백질이 췌장암이나 난소암, 폐암에 걸렸을 때 수치가 증가한다는 사실을 알아냈습니다. 그러나 발견의 기쁨도 잠시, 더 큰 난제에 부딪혔습니다. 혈액 속에 있는 수많은 단백질 중에서 메소텔린에만 반응하는 도구를 찾아야 했기 때문입니다. 안드라카는 다시 처음부터 도구를 찾는 연구를 시작했습니다. 그러다 생물 시간 몰래 읽던 과학 논문에서 탄소 나노 튜브를 발견하고, '탄소 나노 튜브에 특정한 단백질에만 반응하는 항체를 엮으면 한 단백질에만 반응하는 센서를 만들 수 있겠다'라는 아이디어를 생각해 냈습니다. 안드라카의 도전과 실패는 여기서 끝나지 않았습니다. 연구실과 실험 기자재 지원을 얻기 위해 무려 200명의 췌장암 전문가에게 이메일을 보냈고 199번 거절당했습니다. 그러다 마침내 그의 아이디어를 존중해 준 단 한 사람을 찾아냈는데요. 그 사람이 바로 존스홉킨스대학교 아니르반 마이트라 박사입니다. 그의 도움으로 7개월에 걸쳐 연구의 결점을 보완한 끝에 안드라카는 기존의 방식보다 진단 속도가 168배 빠르고, 거의 100퍼센트에 달하는 정확도를 보이며, 검사 비용은 약 3센트밖에 들지 않는 췌장암 조기 진단 키트 '옴미터Ohm Meter'를 개발했습니다. 현재 췌장암 진단에 약 800달러 정도의 비용이 드는 것을 생각한다면 그야말로 획기적인 발명이 아닐 수 없습니다.

결국 안드라카는 2012년 세계 최대의 과학경진대회 ISEF(인텔

국제과학기술경진대회)에서 최고 영예인 고든 무어 상을 수상했습니다. 미셸 오바마는 그를 2013년 미국 대통령 국정 연설의 귀빈으로 초대했고, 그의 가슴 뛰는 도전기를 직접 들려주는 테드TED 강연은 조회 수 380만을 돌파하며 인기를 끌었습니다. 잭 안드라카는 2014년 서울 디지털 포럼의 최연소 연사로 한국을 방문하기도 했습니다. 현재 그는 스무 살입니다. 안드라카는 이렇게 말합니다.

"저는 그때 15살에 불과했고 췌장이 뭔지도 몰랐고 암에 대해선 완전 문외한이었습니다. 하지만 그래서 선입견이 없었고 무엇이든 시도할 준비가 되어 있었습니다. 그리고 노트북과 인터넷 검색만으로 새로운 발견을 할 수 있었습니다. 모든 문제에는 해답이 있습니다. 열정을 갖고 찾기만 하면 됩니다. 여러분이라고 안 될 이유가 뭐가 있나요? 당신이 할 수 있는 것을 상상해 보세요. 당신도 세상을 바꿀 수 있습니다."

2

어린 시절부터 스스로 가치를
만들어 내는 아이들

미루지 않고 '지금 이 순간' 꿈을 이루는 아이들

지금도 전 세계에는 어린 시절부터 자신이 좋아하는 것에 흠뻑 빠져 '가치'를 창출하는 아이들이 있습니다. 미국의 테일러 로젠탈은 2014년 중학교 8학년에 재학 중일 때 교내 청소년 창업 수업을 들었습니다. 그때 응급처치용품 자판기 아이디어를 떠올렸고, 이를 상용화하겠다는 목표를 세웠습니다. 아이디어의 시작은 그가 평소에 사랑한 '야구'였습니다. 교내 야구선수를 할 정도로 야구를 좋아한 로젠탈은 야구 경기가 열릴 때마다 매번 안타까운 장면을 목격했답니다. 야구를 하다 보면 다치는 아이들이 자주 나오는데 그때마다 부모들이 구급약품을 구하지 못해서 쩔쩔맸다는 것입니다. 이런 상황은 응급키트 자판기라는 아이디어를 떠올리는 계기가 됐습니다.

로젠탈의 초기 아이디어는 스포츠 이벤트가 열릴 때마다 구급용품을 판매하는 팝업 스토어(짧은 기간만 운영하는 상점) 형태였습니다. 하지만 인건비 등을 따졌을 때 이익이 남지 않아 자판기 형태로 수정했다고 합니다. 이렇게 로젠탈이 응급키트 자판기를 만들겠다고 결심한 나이는 12세에 불과했습니다. 2015년 9월, 미국의 경영 전문지 잉크 매거진이 선정한 '전도유망한 청소년 사업가 톱 20'에도 뽑혔던 로젠탈은 미국 최대 규모의 헬스 케어 업체가 제안한 350억을 거절한 일로 언론에 대대적으로 보도되기도 했습니다.

모모세대More Mobile에게 유명한 스타들은 TV가 아니라 유튜브에 있습니다. 모모세대라는 말은 한국트렌드연구소 소장 김경훈이 쓴 『모모세대가 몰려온다』에서 등장하는 단어로 TV보다는 모바일 기기에 익숙한 세대를 말합니다. 세계에서 가장 유명한 키즈 크리에이터(Kids Creator, 어린이 창작자) 에반은 5살 때부터 장난감 리뷰를 '에반튜브'에 올리고 있습니다. 에반튜브는 270만 명의 구독자를 보유하고 있고, 어느덧 장난감 리뷰 진행 4년 차가 넘은 9살 꼬마의 수입은 130만 달러(약 14억 원)에 달하는 것으로 밝혀졌습니다. 에반은 요즘에도 2, 3일에 1개씩 꼬박꼬박 동영상을 올리는데요. 아버지 재러드가 카메라로 촬영하고 영상을 제작하며, 어머니는 장난감 세팅 등 전반적인 지원을 맡습니다. 에반과 여동생은 함께 또는 따로 장난감 소개와 사용 시범을 보입니다.

별자리와 구글 지도로만 고대 마야 도시를 찾아낸 소년도 있습니다. 캐나다 퀘벡에 사는 15살 소년 윌리엄 가두리는 2012년 우연히 마야 문명에 빠져들어 꾸준히 마야 문명을 공부했습니다. 윌리엄은 '왜 마야 도시는 강이 아닌 산 속 깊은 곳에 건설됐을까'라는 호기심을 갖게 됐습니다. 이에 나름의 연구를 하던 윌리엄은 지금까지 발견된 117개의 마야 도시와 별자리가 밀접한 상관관계가 있음을 알게 되었고, 곧 고대 마야의 서적에 수록된 별자리 지도와 실제 발견된 마야 도시의 위치가 일치하고 특히 가장 밝은 별이 위치한 곳에는 가장 큰 도시가 있다는 사실을 밝혀냈습니다. 이후 학교 대표로 과학 컨퍼런스에 초대된 윌리엄은 캐나다 우주국CSA 소속의 과학자를 만나 자신의 이론을 설명했고, CSA는 윌리엄의 이론을 검증하고자 미 항공우주국NASA의 도움을 받아 소년이 지목한 지역의 상세한 위성사진과 관련 자료를 제공받았습니다. 분석 결과는 충격적이었습니다. 윌리엄이 지목한 정글 숲에서 86m 높이의 피라미드를 비롯 30개 건축물의 흔적이 발견됐기 때문입니다. 역대 발견된 마야 도시 중 5번째로 크다는 평가입니다. 현지 언론에 따르면 윌리엄은 자금이 마련되는 대로 곧 자신이 발견한 마야 문명을 찾아 탐사를 떠날 예정이라고 합니다. 영화 〈인디아나 존스〉에 나올 법한 모험을 실제로 떠나는 소년이 부럽기만 합니다. 한 어린 소년의 끈질긴 노력과 이를 인정해 주고 받아 주는 캐나다 사회와 어른들도 정말 존경스럽습니다.

"시각장애인들은 어떻게 읽을까?" 인도계 미국 소년 슈밤 배너지에게 찾아온 호기심이었습니다. 인터넷을 통해 관련 정보를 찾아보던 배너지는 시각장애인용 점자 프린터가 2천 달러를 웃도는 비싼 가격에 팔리는 것에 깜짝 놀랐습니다. 그리고 그때부터 점자 프린터를 싼값으로 공급하겠다는 꿈을 꾸게 되었습니다. 배너지가 찾은 해법은 레고 블록이었습니다. 레고 블록을 활용해 점자 프린터를 개발하는 데 성공한 그는 학교 과학경진대회에 이 프린터를 출품해 대상을 받았습니다. 당시 그는 캘리포니아 새너제이에 있는 챔피언 중학교 7학년에 재학 중이었습니다. 우리나라로 치면 중학교 1학년이었던 셈입니다.

슈밤 배너지는 부모님으로부터 3만 5천 달러를 지원받아 아예 '브레이고랩스'란 회사를 창업했습니다. 그리고 몇 주 후 세계적 기업 인텔로부터 수십 만 달러에 달하는 거액을 투자받기에 이릅니다. 브레이고랩스 사이트에는 이런 글이 올라와 있습니다. '전 세계 시각장애인은 약 2억 8천 500만 명에 달하는데 그중 90%가 개발도상국에 살고 있습니다. 이들이 구입할 수 있는 가격대의 점자 프린터를 만드는 것이 배너지의 꿈입니다.' 브레이고랩스의 점자 프린터가 상용화될 경우 350~500달러 수준으로 가격을 낮출 수 있을 것으로 전망하고 있습니다.

좋아하는 일을 경제성 있게 만드는 씨앗을 키워 주라

위에 언급된 아이들의 공통점이 무엇일까요? 바로 자신이 좋아하는 것에서 시작했다는 것입니다. 자신이 좋아하는 분야를 놀이처럼 즐기면서 경제성 높은 가치를 창출한 것입니다. 그러기 위해서는 '서툴러도 세상에 표현하고 기록'하는 연습을 꾸준히 해야 합니다. 블로그, 유튜브, 페이스북, 인스타그램 등에 자신의 아이디어를 표현하고 끈기 있게 자신만의 콘텐츠를 올리면 그 근성이 경쟁력이 됩니다. 모모세대, 앱 제너레이션App generation답게 자신의 아이디어와 스토리를 콘텐츠로 공유하는 것입니다.

제가 앞서 언급한 사례는 아쉽게도 모두 외국 아이들입니다. 우리나라와는 교육 문화가 다르고, 시장 구조가 다르고, 자본이 다르다는 말이 나올 수 있습니다. 모두 맞습니다. 창의적 인재가 나오려면 실패에 관대하고 호기심과 다양성을 적극 인정하는 사회 분위기가 형성되어 있어야 합니다. 그럼에도 불구하고 위 학생들의 스토리를 이야기한 이유는 이들의 열정과 호기심 때문입니다. 이들은 정말 우리 주위에서도 흔히 볼 수 있는 평범한 십대입니다. 이 친구들의 문제 해결 방식이란 것도 거창한 것이 아니라 우리도 일상에서 충분히 시도할 수 있는 방식, 바로 인터넷 검색이었습니다. 안드라카는 인터뷰에서 이렇게 말했습니다. "제가 인터넷으로 논문을 읽고 아이디어를 찾을 수 있었던 것처럼 누구나 호기심을 갖고 노력한다면 인터넷만으로도 세상을 바꿀 수 있는 정보를 얻을 수 있습니다." 로젠탈 역시 매 수업마다 의문 나는 것이 있으면 항상 질문을 하며 답을 구했다고 합니다. 친구들이 학교를 마치고 학원을 가거나 비디오 · 모바일 게임을 하면서 시간을 보낼 때 그는 홀로 창업 학교로 향한 것입니다.

때로 창의성 혹은 문제 해결이라는 단어는 거창하고 어렵게 느껴지기도 합니다. 그런데 시작은 단순합니다. 이들처럼 내가 생활하고 있는 주변의 것에 먼저 관심을 기울이는 것입니다. 성적만이 아니라 자녀가 가족과 친구 그리고 주변에 관심을 갖는 것을 막지 마세요. 주변에 대한 관심이 호기심으로 이어지고 그 호기심이 열정으로 자란다면 누구나 창조의 씨앗을 품은 십대가 될 수 있습니다. 우리가 다음 세대에게 줄 수 있는 선물은 현세대의 실패와 실수를 그대로 답습하게 하는 것이 아니라 제대로 된 '고기 잡는 법'을 알려 주는 것입니다.

그러기 위해서 사회의 분위기와 문화가 바뀌어야 합니다. 위의 아이들을 보면 아이디어도 참신하고 실행력과 열정도 대단하지만 자유롭게 저런 분위기를 조성해 주는 어른들과 사회도 대단하지 않나요? 우리 사회는 미래의 막연한 보상을 위해 무조건 공부하면서 참으라고만 합니다. 그리고 학교 공부 이외의 일을 하면 무조건 논다고 생각하고 가로막는 경우가 많습니다. 그러나 놀 듯이 즐거운 일을 해야 뇌가 휴식하면서 창의성이 나옵니다.

100년 동안의 경쟁력, '자신만의 콘텐츠'

평균 수명이 120세인 아이들은 20대에 대학에 가서 이후 100년 동안 무엇을 하며 먹고살 것인지를 진지하게 고민해야 합니다. 저도 이런 고민을 합니다. 그때마다 나오는 결론은 나만의 콘텐츠를 만드는 것입니다. 아무리 시대가 변해도 가장 안전한 투자는 자신의 강점에 투자하는 것입니다. 나의 강점으로부터 나오는 콘텐츠가 큰 무기가 될 것입니다. 아무리 좋은 대학을 나와도 자녀에게 자신만의 콘텐츠가 없으면 앞으로는 더 이상 경쟁력이 없다는 것을 부모는 알아야 합니다. 그리고 교육은 이제 100년 동안 쓸 자신만의 콘텐츠를 발견하는 역량을 길러 줘야 합니다. 자신만의 콘텐츠로 새로운 직업을 만들어서 창업가, 프리랜서, 강사, 작가, 칼럼니스트, 방송인, 컨설턴트 등 다양하게 활동하면서 자신의 진로를 개척해 나갈 수 있습니다. 관점디자이너 박용후는 다양한 곳에서 일하며 한 달에 16번 월급받는 남자로 유명합니다. 그의 저서 『나는 세상으로 출근한다』를 읽어 보면 고정적으로 출근하는 곳은 없지만 어느 특정 조직에 속하지 않고 자신의 재능을 분산투자하는 'N분의 1 job' 방식으로 많은 돈을 법니다. 자신만의 관점과 콘텐츠로 여러 회사를 컨설팅하며 자기 강점을 확장해 나갔기 때문에 가능한 일이었습니다.

콘텐츠를 개발하는 것의 기본은 바로 자기발견과 세상을 보는 눈의 조화입니다. 그리고 신속한 실행력입니다. 『성취 습관』의 저자인 버나드 로스 교수는 시제품 만들기가 문제 해결을 위한 효과적 방법이라고 주장합니다. 그는 '어떤 주제를 가진 대화, 책쓰기, 단편 영상, 짧은 연극과 뮤지컬, 사회적이거나 개인적 문제의 물리적 형태, 물체의 실제 물리적 모형' 등 어떤 형태라도 시제품이 될 수 있으며 빠르게 시제품을 만들어 보는 습관이 바로 성취 습관과 연결된다고 말합니다. 일상에서 또 학교에서 어떤 주제를 가지고 자유롭게 창의적인 결과물을 만드는 게 이제는 진짜 공부이고 콘텐츠를 만들도록 돕는 일이라는 말입니다. 직접 메이커가 되고 개발자가 되도록 하는 활동을 어린 시절부터 하도록 도와주세요. 벼룩시장을 연다든지, 캠페인을 열어 자신들이 모금한 돈을 기부한다든지 하는 일상에서의 경험이 콘텐츠를 개발하는 원동력이 될 것입니다.

콘텐츠를 창출하는 플랫폼으로서의 학교

앞에서 지금 이 순간 자신이 좋아하는 것으로 콘텐츠를 만들고 부를 창출하는 아이들을 살펴봤습니다. 우리나라도 어떻게 하면 어린 나이에 가치를 창출하는 아이들이 많이 나올 수 있을까요? 거꾸로 교실(Flipped learning)과 PBL(문제기반학습 Problem Based Learning 또는 프로젝트기반학습 Project Based Learning),

STEAM(Science + Technology + Engineering + Art + Math) 교육이 제대로 잘 이루어진다면 학교가 플랫폼이 되고 그 플랫폼에서 '콘텐츠'를 만드는 아이들이 나올 수도 있습니다. 콘텐츠를 생산하고 그것을 산업으로 연결하는 큰 그림을 그려 가는 작업은 과거의 교실에서는 좀처럼 만들기가 어려웠습니다. 과거에는 교사의 강의를 수동적으로 듣기만 했고 무엇보다 지필식 평가만 인정받았기 때문입니다. 하지만 교육제도와 입시가 점차 학생 중심 참여형 과정으로 바뀌고 있습니다. 거꾸로 교실과 PBL, STEAM 교육을 강화해 좀 더 진화된 모습으로 발전해 나가야 합니다.

플랫폼의 가장 큰 특징은 개방성에 있습니다. 이 개방이라는 것은 다양한 의견이 오가는 '소통'이 보장될 때 가장 잘 이루어집니다. 경직되면 절대 자연스럽게 이루어질 수 없습니다. 편안한 분위기와 즐거움 속에 있어야 지적 호기심이 꿈틀대고 다양한 질문이 분출됩니다. 단순히 공간적인 분위기만을 말하는 것이 아닙니다. 아이들의 정서와 감정, 즉 '뇌와 마음, 신체적인 컨디션'을 좋게 만들어야 한다는 말입니다. 어른들도 피곤하고 스트레스받고 짜증나면 아무것도 하기 싫습니다. 아이들도 마찬가지입니다. 좋은 컨디션일 때 문제를 해결하기 위해 다양한 정보를 찾고 조율하는 것을 즐길 수 있습니다. 그러면 아이들은 콘텐츠를 단순히 소비하는 수동적인 학습자에서 벗어나 다양한 방식으로 콘텐츠를 생산하는 개발자가 직접 되어 보는 경험을 학교에서 할 수 있습니다. '일찍 성공하려면 일찍 실패하라'는 세계적인 디자인 기업이자 디자인 컨설팅 회사인 아이데오IDEO의 모토처럼 말입니다. 학교에서 다양한 시도를 경험하여 개발자, 창작자로서의 내공을 키우고 씨앗을 자라게 하면 더 이상 공부와 배움은 내 삶과 멀리 있는 것이 아니라 삶이자 놀이로 다가올 것입니다. 미래는 직접 개발자가 되는 교육 방향으로 전환되어야 하고 그렇게 해야 학생들이 주도자, 창의적인 생산자, 부와 가치와 영향력을 만들어 내는 미래 인재가 될 수 있습니다.

올바른 경제 공부로 금융 지능을 키워 주라

오늘날 유대인은 세계 금융 자본주의를 주도하고 있습니다. 오늘날 미국 월스트리트는 유대인에 의해 발전하게 되었고 로스차일드, 골드만삭스, 리먼 브라더스 등이 그 주인공들입니다. 유대인은 어린 시절부터 노골적으로 돈에 대하여 가르칩니다. 이들은 긴 시간 동안 유랑하면서 경제적인 안정감이야말로 삶에서 정말 중요한 부분이라는 것을 실감했습니다.

우리나라 교육은 훌륭한 근로자로서의 역량, '성실한 노동자'를 키워 내는 교육만을 시킵니다. 하지만 이제는 어린 시절부터 착하고 성실한 노동자로만 크는 것이 아니라 자본가(자산가)로 키워지게 만들어야 합니다. 선진국은 국민의 금융 지능을 높이려고 어린 시절부터 금융 교육을 많이 합니다. 금융 패러다임이 저축에서 투자와 신용 중심으로 급속하게 바뀌었지만 우리나라 금융 교육은 여전히 이 변화를 못 따라가고 있습니다. 초·중·고는 제대로 된 금융 교육이 아니고 사회나 가정 수업 시간에 산발적으로 금융에 대해 가르치고 있는데, 이마저도 내용이 많이 부실합니다. 교과서 진도상 경제와 금융은 뒤쪽에 있고 만약 시험 범위에 들어가지 않는다면 이마저도 배우지 않고 그냥 지나가는 경우가 많습니다. 이처럼 교육 시간도 부족하고 이론 교육에만 치우쳐 실제 금융 생활에 필요한 응용은 할 수도 없습니다.

"금융에 대해서 일찍 배웠더라면 이런 일은 겪지 않았을 텐데." 신용불량자들이 한탄하면서 공통적으로 내뱉는 말입니다. 우리나라 사람들이 지능지수, 학업 성취도, 대학 진학률은 높지만 유독 금융만큼은 '문맹文盲' 수준을 벗어나지 못한 가장 큰 이유는 바로 경제를 읽는 힘을 키워 주는 금융 교육의 부재 때문입니다. 사회생활의 80%가 경제생활이고, 이중 절반가량이 금융과 관련돼 있는데도 학교 교육에서 금융은 철저히 소외돼 있습니다. 바로 수능에 안 나온다는 이유로 말이죠. 지구의 둘레 구하는 공식보다 돈 버는 법을 알려 주는 것이 중요한 것임을 이제는 깨달아야 합니다.

금융 이해력은 이제 편의 수단이 아니고 생존을 위한 수단입니다. 그래야 속지 않기 때문입니다. 우리는 금융 상품을 금융기관에서 맹목적으로 삽니다. 그들이 내 돈을 불려 줄 것이고 나를 부자로 만들어 줄 것이라는 헛된 장밋빛 희망을 가지기도 합니다. 하지만 결국 우리는 아닌 것을 알게 됩니다. 열심히 일하는데도 여전히 빚쟁이가 되는 현실에서 벗어나기 위해서는 어릴 때부터 금융기관에 속지 않을 경제 지식을 쌓아야 합니다. 그리고 더 나아가 부를 창출하는 씨앗을 어릴 때부터 키워 줘야 합니다.

하지만 어릴 때부터 돈에 대해 가르치면 돈만 아는 아이가 되는 것 아니냐고 걱정하는 사람들이 참 많습니다. 이런 마인드 때문에 한국은 금융 교육도 도덕 교육 비슷하게 합니다. 아직도 학교에서 '돈'에 대해 가르치는 것은 적합하지 않다는 의식이 팽배하기 때문에 현재 이루어지는 경제 교육은 '아껴 쓰고 저축하자'는 수준입니다. 하지만 아껴서 저축했는데 그 돈을 금융기관에 고스란히 갖다 주고 한 푼도 써 보지 못한다면 어떻게 될까요? EBS 다큐프라임 〈자본주의〉 5부작을 보면, 우리나라는 '파생금융상품' 거래 규모가 세계 최고 수준이라고 합니다. 우리나라의 금융기관에서 판매하는 금융 상품 대부분이 이 파생금융상품이라고 합니다. 그런데 세계적인 투자가 워런 버핏은 이 파생금융상품을 '대량 살상 무기'와 같다고 경고합니다. 대한민국은 이 파생금융상품이라는 무기에 적나라하게 노출되어 있는 것입니다. 더 무서운 것은 우리나라 금융 경쟁력은 세계 81위로 저개발 국가보다 못한 수준입니다. 이런 구조 속에서 피해는 고스란히 누가 볼까요? 성실하고 착하고 순진무구한 우리 평범한 소시민이 당하는 것입니다. 이런 시스템을 우리 아이들에게 그대로 필터링 없이 노출시킨다면 어떻게 될까요?

금융 교육이란 생애 주기에 걸쳐 돈에 관해 현명한 의사결정을 하도록 도와주는 과정입니다. 개인이 삶의 목표를 달성하기 위해 자원을 획득하고 효율적으로 소비하며, 자산을 보존, 증대시키는 지식을 배우고 그 역량을 강화하는 과정인 것이죠. 재무적, 경제적 자원만을 관리하는 것이 아니라, 금융 행동에 영향을 미치는 다양한 금융 환경을 이해하고, 가치관, 태도 등 비재무적 자원을 관리하는 통합적 과정입니다.

미래 사회를 살아갈 우리 아이들에게는 소극적으로 금융 환경만을 관리하거나 금융 상품만을 공부시키는 것이 아니라 금융 상품의 원리, 즉 돈이 돈을 버는 원리를 배우게 해야 합니다. 어릴 때부터 금융 지능이 잠재되어 있는 아이와 그렇지 않은 아이는 앞으로 삶의 질이 천지 차이일 것입니다. 인공지능과 로봇에 밀려 '나'를 해고하는 기업의 주식을 사서 '내'가 처한 위치를 자본가로 바꾸는 것도 한 방법이라고 말하고 싶습니다. 이제는 아이들의 미래를 위해 명문대만 집착하지 말고 어릴 때부터 유대인처럼 경제를 읽는 눈과 금융 지능을 키워 주시기 바랍니다.

3

지금 이 순간에도
수많은 꿈이 꺾여 나간다

'아이언맨'이 되고 싶은 아이, 업의 본질을 배우다

초등학생 진로 수업을 하다 보면 정말 특이한 꿈을 많이 적어 냅니다. 그런데 대부분은 어른들에게 면박을 당합니다. 그러면서 아이들의 창의력 넘치는 꿈들이 평범해지는 것이죠. 한 아이가 아이언맨이 되겠다고 발표를 했습니다. 친구들은 야유를 퍼부었습니다. 그런 건 영화 속에서나 존재하는 것이라고 어른들의 말을 인용해 아이언맨이 되고 싶은 친구를 놀려 댔습니다. 그런데 저는 될 수 있다고 했습니다.

"어, 2030년에는 진짜 아이언맨이 될 수도 있어. 그런 스마트 옷이 개발되었다고 들었거든."

그랬더니 순간 교실에 정적이 흘렀습니다.

"문제는 아이언맨의 수트가 아니라 그 수트가 만들어졌을 때 아이언맨처럼 행동할 수 있느냐야. 수트는 만들어졌는데 진짜 아이언맨 옷을 입을 수 있는 사람은 어떤 사람일까? 진짜 아이언맨이 되려면 필요한 게 뭘까?"

그랬더니 많은 기발한 대답이 흘러나왔습니다. 그중 기억에 남는 대답이 이 대답입니다.

"용기가 필요해요. 저는 용기가 없거든요. 저는 하늘에 둥둥 떠 있는 것도 무섭고 높은 곳에서 떨어지는 것도 무서워하고 무엇보다 악당한테 맞으면 진짜 아플 거 같아요. 그래서 저는 아이언맨 자신 없는데……."

"어? 그럼 용기만 더 키우면 아이언맨이 될 수 있겠다! 선생님은 정말 될 거라고 믿어지는데?"

그랬더니 이 다음부터 모든 아이들이 감춰 두었던 자신의 진짜 꿈을 적고 발표하기 시작했습니다. 부모님들이 생각하는 의사, 변호사가 아닌 진짜 자신의 꿈을 적고 발표하는 모습은 행복과 즐거움 그 자체였습니다.

우리 아이들이 어른이 되었을 때는 정말 아이언맨 수트 정도는 흔할 것입니다. 그런데 문제는 그 수트가 아니라 그 수트를 입을 수 있는 '자격'을 갖춘 사람이 필요하다는 것입니다. 아이언맨이 아이언맨인 것은 수트 때문이 아니라 악당을 물리쳐 지구를 지키려는 용기와 사명감이 본질인 것이죠. 사실, 아이언맨이 되고 싶다고 말한 아이의 진짜 꿈은 '지구의 평화를 지키고 싶다'였습니다. 지구의 평화를 지키는 꿈을 이루는 방법 중 하나가 아이언맨이라고 여긴 것입니다. 만약 비용 문제와 위험 문제로 아이언맨이 되겠다는 계획이 실패하더라도 국제연합UN이나 월드비전 같은 곳에서 더 좋은 지구를 만들기 위해 일할 수도 있는 것입니다.

우리는 여전히 꿈과 직업을 혼동하고 있습니다. 진로 교육은 어떤 직업의 타이틀이 아닌 업業의 본질과 과정의 발견이 이루어져야 합니다. 이 본질에 대한 교육을 하는 것이 진짜 진로 교육이라고 생각합니다. 더불어 어떤 허황된 것을 말하더라도 수긍할 수 있는 상상력과 열린 마음이 어른들에게 필요합니다. 세상은 정말 빠르게 변해서 지금은 없지만 십년 후에는 정말 존재할 수도 있기 때문입니다. 그러므로 무엇이든 꿈꾸고 바랄 수 있다고 지지해 주고 부모가 먼저 제한하지 않도록 해야 합니다.

초등학생뿐 아니라 대학생이나 직장인들도 진로에 대해서 이야기를 나누면 공통적으로 하는 말이 있습니다. 내가 가지고 있는 재능으로 세상에 기여하고 싶다는 것입니다. 이 세상 사람들이 슈퍼 히어로 스토리에 빠져드는 것은 그들이 잘났고 우리보다 능력이 뛰어나서가 아니라 세상에 기여하고 사람을 돕는 모습에 대리만족을 느끼기 때문입니다. 슈퍼 히어로들은 약한 사람들을 돕고 인간에게 중요한 보편적인 가치를 수호하는 역할을 합니다. 사람은 누구나 진정으로 인류를 위해 도움이 되고자 하는 선한 욕망이 있습니다.

우리는 연약합니다. 그런데 각자가 자신의 위치에서 자신이 하는 일을 통해 세상에 기여하고 있습니다. 의사는 사람을 살리고 건강해지도록, 법조인은 사회의 정의가 제대로 실현되도록, 교사는 학생들이 제대로 배우도록 가르치는 일로 이 세상에 기여합니다. 미래에도 이러한 업의 본질과 사명은 바뀌지 않을 것입니다. 이러한 업의 본질에 대하여 생각해 볼 수 있는 다양한 경험과 생각거리를 주는 것이 어른들의 몫이고 진정한 진로 교육이 아닐까요?

'안 될 게 뭐야?'를 아이 마음속에 심어라

이 세상 모든 아이들은 정말 창의적입니다. 우연히 교회 아이들이 길가에 나와서 굴러다니는 도토리를 발견하고 자기들끼리 즐겁게 게임을 하는 것을 본 적이 있습니다. 완성된 멋진 장난감이 아닌 자연에서 재료를 구해 장난감을 만든 아이들을 보니 정말 창의적이라고 느껴졌습니다. 실제로 초등학교 저학년 진로 강의를 할 때 아이들을 보면 정말 순수합니다. 미래 꿈을 적으라고 하면 '로봇'이 되겠다는 아이 '곰돌이'가 되겠다는 아이를 만납니다. 그럴 때 절대 무시하지 않고 확장형 질문을 합니다.

"안 될 게 뭐야? 왜 곰돌이가 되고 싶은 건데?"

"음, 너무 귀엽고 사람들을 포근하게 만들어 주니깐요."

"너도 사람들을 포근하게 만들어 주고 싶구나? 그런데 곰돌이는 인형이잖아. 어떻게 하면 곰돌이처럼 될 수 있을까? 인형 털을 붙이면 곰돌이처럼 사람들에게 포근함을 줄 수 있을까?"

"여름에는 많이 더울 거 같고. 아~ 저는 곰돌이처럼 포근한 기분을 주는 사람이 될 거예요."

"그래? 안아 주는 사람, 위로해 주는 사람, 눈물도 닦아 주고 그냥 기대면 포근한 사람이 되고 싶은 거야?"

아이가 고개를 끄덕입니다.

"그래? 우리 그럼 그런 직업을 한번 만들어 볼까?"

도전 정신과 모험 정신은 하루아침에 생기지 않습니다. 'Why not?(안 될 게 뭐야?)' 'What if(만약에)'의 사고가 일상적으로 이루어진 곳에서 자라납니다. 실리콘밸리에선 실패가 오히려 훈장이라고 합니다. 창업자들은 자신이 지금까지 어떤 창업을 해서 어떤 실패를 했는지를 자랑스럽게 이력서에 씁니다. 실패를 어리석음의 이력이 아니라 도전의 이력, 벤처기업 운영 노하우 취득의 이력으로 봐 주는 진취적인 문화 덕분이죠. 실패를 경험할수록 앞으로 성공할 가능성이 더욱 큰 것으로 쳐 주기도 합니다. 그래서 실리콘밸리 벤처인들은 자신의 실패 이력을 경력의 일부로 내세웁니다. 창의성은 거창한 것이 아니라 범죄 빼고 무엇이든 괜찮다고 허락하는 문화에서 자연스럽게 자랍니다.

다시 한 번 말씀드리지만, 미래는 꿈꾸고 상상하는 사람들에게는 수많은 기회가 있는 풍요로운 곳입니다. 미래 사회는 지금 있는 직업에 필요한 역량을 주입받는 게 아니라 개개인이 새로운 직업을 만들어 낼 수 있는 능력을 필요로 합니다. 이것이 창의적 인재입니다. 이제 막연한 보상을 위해 지옥 훈련하듯 공부에 찌든 아이들이 아닌 지금 이 순간을 즐기는 아이, 행복해서 창의성이 자연스럽게 뿜어져 나오는 아이로 교육해야 합니다.

기회 자본과 인내 자본이 풍성한 사회가 아이를 큰사람으로 만든다

미래 사회에 창의적 인재가 중요한 것도 잘 알고 도전 정신을 가지고 문제 해결 능력을 키워야 한다는 것도 잘 알겠습니다. 그런데 우리 사회는 도전하다 망하면 끝이라 도저히 창직이고 창업이고 무서워서 못하겠다는 목소리 또한 많이 들려옵니다. 유대인은 대부분이 창업을 당연하게 생각하고 열심히 하면 당연히 성공할 수 있다고 여깁니다. 이들이 이렇게 마음 편히 시도하는 이유는 사회가 창업을 적극 권장하기 때문이기도 하지만 창업을 지원하는 투자도 매우 많기 때문입니다. 그래서 실패를 하더라도 다시 일어설 수 있다는 믿음이 있습니다. 이러한 구조가 도전을 할 수 있는 안정감을 제공합니다.

일본은 아시아 국가 중에서 노벨상을 가장 많이 받았습니다. 2016년에도 노벨생리학상 수상자가 나왔습니다. 노벨생리학상을 배출한 도쿄공업대의 미시마 요시나오 총장은 서울대 주최로 열린 동아시아 연구 중심 대학 협의회AEARU에서 이런 말을 했습니다.

"당장의 성과를 위해 현실에 곧바로 적용할 수 있는 기술 개발에만 집착해선 사고의 패러다임을 흔드는 혁신은 이뤄질 수 없습니다. 연구자가 자신만의 관점으로 한 문제에 10~20년 이상 매진할 수 있도록 도와주는 '인내 자본patient capital'이 사회에 구축돼야 합니다."

이 말을 듣고 우리 사회에는 전반적으로 '인내 자본'이 부족하다는 것을 깨달았습니다. 학문뿐 아니라 비즈니스 분야에서도 이 인내 자본이 풍성해야 도전하고 모험할 수 있는 마음이 생길 것입니다. 한 분야에 숭고한 열정과 인내심을 소유한 사람이 모이면 인내 자본이 풍성한 사회가 될 것입니다. 이제 앞으로는 깊게 연구하고 심도 있게 공부하는 아이가 인재입니다. 그러니 절대 빨리빨리 문제를 많이 푸는 식의 공부법으로 아이를 재촉하지 마세요. 그것이 인내 자본을 키워 주는 첫 단계입니다.

- 4차 산업혁명 시대, 세상은 스스로 '직職'과 '업業'을 만드는 역량을 갖춘 창의적 인재를 필요로 한다.

- 티쿤올람은 '세상을 바꾸다'라는 뜻의 히브리어로, 유대인들은 '인간은 태어나면서 신으로부터 부여받은 세상을 더 좋게 바꾸는 임무를 부여받았다'고 믿는다. 단순히 부자가 되려는 열망이 아니라 이런 티쿤올람의 정신이야말로 이스라엘을 창업가의 나라로 만든 원동력이다.

- 이스라엘과 미국은 어린 시절부터 아이들에게 '기업가 정신'을 키워 주는 교육을 한다. 아이들에게 '개척 정신' '도전 정신' 그리고 '자기주도성'을 깨닫게 하는 것이다. 이것이야말로 진정한 '진로 교육'이다.

- 아이가 뭔가에 빠져드는 것을 기뻐하고 지원하라. 교육은 이제 아이가 100년 동안 쓸 자신만의 콘텐츠를 발견하고 키워 가는 역량을 길러 줘야 한다.

- 금융 이해력은 이제 생존을 위한 필수 수단이다. 우리나라 교육은 지금까지 성실한 근로자로서의 역량만을 가르쳐 왔다. 이제는 아이를 성실한 노동자로만 키울 것이 아니라 현명한 자산가로도 자라게 만들어야 한다. 아이의 미래를 위한다면 어릴 때부터 유대인처럼 경제를 보는 눈과 금융 지능을 키워 줘야 한다.

● 창의적인 아이, 성공하는 아이는 실패해도 느긋하게 지켜보며
  응원해 주는 인내 자본이 탄탄하게 뒷받침될 때 탄생한다. 빨리
  빨리 문제를 많이 풀게 하는 과거의 교육으로 더 이상 아이를
  재촉하지 마라.

5장

몰입력
Flow

**놀이로 몰입을 경험하고
상상력으로 세상을 바꾼다**

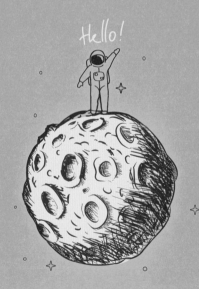

1

성실한 개미보다
몰입할 줄 아는 배짱이가 성공한다

미국은 SAT 만점자라고 신문에 나오지 않는다

미국에서는 SAT 만점을 받았다고 신문에 나오지도 않고 온 사회가 대단하다고 떠받들지도 않습니다. 그들에게 중요한 것은 점수가 아니라 그 시간에 아이들이 얼마나 다양한 경험을 했고 잠재력을 발달시켰느냐이기 때문입니다. 더 나아가 사회에 도움이 될만한 공동체 정신과 능력을 기르는 훈련을 했는지를 살핍니다. 그래서 미국은 다양한 경험과 활동 속에 자신만의 고유한 성장 스토리를 담은 에세이가 입학에 더 중요합니다. SAT는 자격 시험이자 평가의 지엽적인 부분일 뿐입니다.

우리나라 학교와 학원에 흔하게 붙어 있는 문구입니다. 사실 사회 전체가 아침부터 밤까지 잠을 줄여 가며 닭장 같은 공간에서 이를 악물고 공부합니다. 고등학생은 학교와 학원에서, 20대는 토익 학원과 공무원 시험 학원에서 말입니다. 그러나 투입하는 시간의 양에 비해 성취와 보상은 형편없습니다. 더 큰 문제는 2020년 이후입니다. 사회 구성원 대다수가 항상 지쳐 있고 무기력하면 그 어떤 창의적인 결과물도 나올 수 없기 때문입니다.

알파고를 이길 '알파 덕후'

21세기는 정보를 수집하고 기억하는 일은 컴퓨터가 대신할 수 있기 때문에 계산 잘하고 암기 잘하는 것보다는 번뜩이는 아이디어가 더 중요한 시대입니다. 이 번뜩이는 아이디어를 우리는 창의성이라고 합니다. 그렇다면 창의성은 어떻게 키워 줄 수 있을까요?

인공지능 알파고를 개발한 데미스 하사비스는 그야말로 제대로 놀 줄 알았던 사람입니다. 게임에 몰두하다가 회사를 만들고 공부에 흥미가 생겨 박사를 땄고 결국은 알파고까지 개발했습니다. 완전 알파 덕후(일본어 오타쿠에서 온 말로 어떤 분야에 몰두해 마니아 이상의 열정과 흥미를 가지고 있는 사람이라는 긍정적인 의미로 사용)인 것이죠. 액션 카메라로 유명한 고프로GoPro의 창업자이자 최고 경영자인 닉 우드먼 또한 어릴 때부터 서핑과 무선 조종 비행기에 푹 빠졌습니다. 특히 서핑은 자신의 열정의 전부라고 말할 정도로 즐겨하고 사랑했습니다. 샌디에이고 캘리포니아대학교에 진학한 것도 학교 근처에 서핑을 즐길 수 있는 바다가 있기 때문이었습니다. 그리고 이런 경험과 욕망이 고프로를 만드는 원동력이 되었습니다. 인스타그램을 만든 케빈 시스트롬은 어떤가요? 그는 어릴 때부터 장난감보다 카메라 가지고 놀기를 좋아하는 '포토넛(photo nut, 사진광)이었습니다. 부모님은 크리스마스 때마다 그에게 새 카메라를 사 주곤 했는데 그는 디지털 사진에 포토샵으로 여러 효과를 주는 것을 즐겼습니다. 고등학교 시절에는 사진부 회장이었고 대학교 2학년 땐 겨울방학 동안 이탈리아 피렌체로 가서 사진 수업을 듣기도 했습니다. 이 경험이 인스타그램을 만드는 중요한 원동력이 되었죠.

알파 덕후로 성공한 사람이 또 있습니다. 무인 항공기 드론계의 스티브 잡스라 불리는 왕타오(프랭크 왕)는 30대에 이미 5조 원에 이르는 자산가로 등극한 드론 개척의 보급자입니다. 초등학생 시절부터 왕타오는 공부보다는 비행기에 관한 글을 읽거나 대부분의 시간을 모형 비행기를 조립하며 지냈습니다. 항상 비행기를 끼고 살았다는 그는 이런 말을 합니다.

"가장 좋아하는 일을 사업의 아이템으로 삼아라."

왕타오는 처음부터 세계적인 기업을 만들 생각은 전혀 없었고 그저 어린 시절부터 좋아하는 소형 무인기를 만드는 게 유일한 목표였다고 합니다. 하지만 가장 좋아하는 일을 사업 아이템으로 삼고 기술에 몰두하니 성공의 진화 속도가 상상 이상이었다고 합니다.

인간은 재미를 느끼면 창의적으로 변합니다. 앞으로는 일과 놀이의 구분이 없는 인재가 창의성을 발휘하고 부를 창출할 수 있습니다. 성공과 행복을 모두 누리는 사람들을 보면 대부분 한 분야에서 제대로 놀 줄 아는 사람들입니다. 노는 만큼 성공한다는 말이 미래 인재에게는 정말 딱 들어맞는 말입니다. 정말 다행인 것은 기계는 놀 줄 모른다는 것입니다.

몰입의 경험이 인생을 좌우한다

앞서 언급한 데미스 하사비스, 닉 우드먼, 케빈 시스트롬, 왕타오의 공통점은 바로 어린 시절의 놀이 경험이 성공의 징검다리 역할을 했다는 것입니다. 놀이 경험과 성공의 관계를 다룬 연구가 캘리포니아 공과대학 연구소 JPL(제트 추진 연구소)에서 진행되었습니다. JPL은 직원을 대상으로 창의성과 문제 해결력을 평가했는데 의외로 명문대 출신의 젊은 엔지니어보다 나이 많은 엔지니어가 더 높은 점수를 받았다고 합니다. 미국 놀이 연구소는 이러한 결과가 나온 주원인을 '자유로운 놀이 경험'에서 찾고 있습니다. 연장자 엔지니어들은 어릴 때 자유로운 놀이를 하며 자랐는데 특히 가전제품이나 시계를 해체, 조립하고 상자로 경주용 자동차를 만드는 등 손을 많이 쓰는 놀이를 했다고 합니다. 반면에 젊은 엔지니어들은 명문대를 졸업하고 스펙도 화려하지만 어린 시절 여유롭게 놀아본 경험이 거의 없었다고 합니다. 놀아도 정형화된 놀이, 요즘 식으로 보자면 키즈 카페에서 인위적인 놀이를 했다는 말입니다. 이 연구 후, 캘리포니아 공과대학 연구소는 채용 면접 때 놀이 경험에 대해 묻는다고 합니다. 그리고 이 질문을 하고 직원을 채용한 후 과거보다 업무 성과가 높아졌다고 합니다.

이처럼 놀이 경험은 성공을 좌우하는데요, 그 원리가 무엇일까요? 그것은 바로 '몰입(flow)'입니다. 놀랍게도 우리 인생 최고의 순간은 풍요를 누리며 한가하게 쉴 때가 아닙니다. 힘들어도 내 능력을 최고치로 끌어올리는 행위(일, 과제)에 완전히 몰두해 있을 때옵니다. 이 순간에 사람은 그 활동에 사로잡혀 있어서 옆에서 무슨 일이 일어나도 알아채지 못합니다. 그렇다고 노예처럼 의무감으로 일하는 것도 아닙니다. 팽팽히 긴장하며 생각하고 집중해야 하지만 스트레스나 마음을 짓누르는 걱정은 또 없습니다. 심리학자 미하이 칙센트미하이는 이렇게 그 일과 일체감을 느껴 무아지경으로 열중하고 있는 상태를 가리켜 '몰입'이라고 말합니다. 몰입에는 얕은 몰입부터 종교적인 체험의 깊은 몰입까지 여러 모습이 있는데, 몰입에 들어가면 인간은 믿을 수 없을 정도의 엄청난 잠재 능력을 발휘합니다. 몰입 상태를 경험한 사람들의 공통점은 그 대상과 내가 하나가 되는 경지에서 어떤 희열을 느끼며 결국 성취한다는 것입니다. 단, 이런 깊은 몰입은 '강요가 없는 상태에서 완전히 자유롭게 자신의 욕구에 따라 행동할 때' 나옵니다. 이러한 현상을 쉽게 경험할 수 있는 때가 언제일까요? 바로 '놀이'와 '취미 활동'을 할 때입니다. 대부분의 부모들은 아이가 공부에 몰입하기를 바랍니다. 하지만 학교 교실에서 공부를 강요당할 때 아이들은 몰입 상태에 결코 들어가지 못합니다. 몰입력을 길러 주기 위해서는 아이들이 놀이를 통해 몰입에 들어가기 쉬운 체질이 되도록 도와주어야 합니다. 좋은 교육이란 가급적 오랫동안 책상에 앉아 공부하게 만드는 것이라고 믿는 어른들에게는 못마땅한 이야기일 것입니다. 하지만 매일 오랜 시간 공부하는 아이보다 놀면서 몰입 상태를 경험한 아이가 길게 보면 공부하는 시간은 짧아도 더 경쟁력 있고 창의적인 인재가 됩니다.

가짜 놀이 말고 진짜 놀이를 하게 하라

과거에는 대문을 활짝 열어 놓기만 하면 모든 곳이 놀이터였습니다. 하지만 정말 시대가 많이 달라졌습니다. 요즘은 스마트폰과 키즈 카페가 놀이터이니까요. 『놀이만한 공부는 없다』에서 저자 권오진은 많은 부모가 가짜 놀이를 놀이로 생각한다는 점이 문제라고 지적합니다. 엄마들은 아이들이 장난감이 많아야 잘 놀 수 있다는 생각에 새로운 장난감을 사 주기에 바쁩니다. 하지만 아이들은 도구가 없으면 더 기발하게 창의적으로 놉니다. 눈으로 보거나 귀로 듣는 것보다는 직접 만지고 조작하는 것처럼 구체적인 경험을 할 때 가장 많은 것을 배웁니다. 따라서 스스로 선택할 수 있고 능동적으로 참여할 수 있는 놀이가 지능과 창의성 발달에 가장 효과적입니다. 또 정해진 규칙이 없는 확산적 놀이를 하면서 아이들은 상상력이 풍부해집니다.

어떤 부모들은 놀이 형식을 빌린 학습을 시키며 아이를 충분히 놀리고 있다고 착각하기도 합니다. 놀이 영어, 놀이 수학, 놀이 과학은 진짜 놀이가 아닙니다. 예체능도 마찬가지입니다. 태권도, 미술, 피아노, 발레 등도 아이가 해야 하는 일로 생각하고 재미를 느끼지 못한다면 가짜 놀이입니다. 놀이는 자발적인 도전이 되어야 합니다. 크고 작은 성공 경험을 통해 성취감을 쌓아가는 게 아주 중요합니다.

아이에게 어떤 장난감을 사 줄지는 크게 고민하지 않으셔도 됩니다. 시중에서 파는 장난감은 마음껏 상상력을 펼치는 데 오히려 방해가 될 수도 있습니다. 아이들의 상상력은 어떤 장난감이든 만들 수 있습니다. 부모가 진짜 놀이를 하도록 해 줄 수 있는 역할은 놀이 친화적 환경을 만들고 아이가 놀 때 방해하지 않는 것입니다. 어린 시절부터 수동적인 도구의 사용자가 아닌 능동적인 콘텐츠 생산자가 되도록 도와주고, 놀면서 아이들 스스로 규칙을 만들어 그 안에서 문제를 해결하는 능력을 키울 수 있도록 도와주시면 좋습니다.

인도의 교육학자 수가타 미트라 박사는 델리 빈민가의 건물 벽에 구멍을 내고 그 자리에 컴퓨터를 설치했습니다. 그리고 누구나 와서 컴퓨터를 만질 수 있게 했습니다. 그 후엔 어떻게 되었을까요? 자발적으로 동기부여가 된 아이들은 3개월도 채 안 되어 컴퓨터 조작법은 물론 인터넷 사용과 기초적인 외국어를 습득해 컴퓨터에 설치된 소프트웨어의 매뉴얼을 읽을 수 있게 되었습니다. 아이들이 스스로 알아낸 것을 하나둘씩 공유하면서 이뤄 낸 성과였던 것이죠. 더 나아가 아이들은 다시 만난 미트라 박사에게 이렇게 요청했습니다 "게임을 하려면 좀 더 빠른 프로세스와 좋은 마우스가 필요해요." 이 이야기는 인도의 '벽에 낸 구멍Hole in the Wall'이라는 프로젝트를 통해 많이 알려졌습니다. 호기심과 자연스러운 놀이에서 시작된 학습은 억지로 의무적으로 배우는 학습과 달리 그 효과가 이처럼 확연히 드러납니다. 이제 신나게 노는 환경은 스스로 연구하고 탐구를 하는 원동력이 될 수 있다는 것을 잊지 마세요.

세렌디피티는 모두에게 다가올 수 있다

창의성은 '새롭고, 독창적이고, 유용한 것을 만들어 내는 능력' 또는 '전통적인 사고방식을 벗어나서 새로운 관계를 창출하거나, 비일상적인 아이디어를 산출하는 능력' 등 개념이 넓고 다양합니다. 창의성에는 '빅 C'(Bic creativity)와 '리틀 C'(Little creativity) 두 종류가 있습니다. 빅 C는 인류 역사를 바꾼 천재들의 창의성이라 보고, 리틀 C는 일상에서 우리가 문제 해결을 할 때 쓰는 작은 창의성으로 보면 됩니다. 예를 들어 업무 중 급한 문제가 생겼는데 순간적으로 기발한 아이디어를 떠올려 일을 처리했다면 리틀 C를 일상에서 발휘한 것입니다. 이런 기발한 창의성은 참 대견스럽긴 하지만 세상에 영향을 끼친 혁신적인 것은 아닙니다. 우리는 이미 일상에서 많은 리틀 C를 사용하고 있습니다. 빅 C와 리틀 C의 관계를 살펴볼까요? 〈하버드 비즈니스 리뷰〉에 다음과 같은 기고문이 실린 적이 있습니다.

"애플의 비하인드 스토리를 파헤치다 보면 스티브 잡스가 전부가 아니란 걸 금방 깨닫게 됩니다. 사실 잡스는 틀릴 때도 많았어요. 잡스가 모든 결정을 다 내렸다면 애플은 앱 스토어를 열지도 못했을 겁니다. 애플을 훌륭한 회사로 만든 건 잡스의 천재성과 더불어 잡스와 함께 일한 동료들의 일상적인 창의력인 리틀 C 마인드와 아이디어를 표출하는 것을 두려워하지 않았던 그들의 마음가짐이었습니다."

_알렉산드로 디 피오레

결국 어떤 분야의 큰 혁신과 성공은 빅 C와 리틀 C가 조화를 이루어야 가능한 것입니다. 그런데 우리는 빅 C만이 창의성의 전부라고 생각해 아이에게 창의성에 대한 큰 부담을 갖도록 만듭니다. 어린 시절 일상에서 리틀 C부터 발휘하도록 다양한 경험을 하게 해야 하는데 그러지 않은 상태에서 무조건 빅 C만을 요구합니다.

이 세상 모든 사람들은 다 창의성을 가지고 있습니다. 그런데 어느 순간 이 창의성은 점점 사라져 갑니다. 창의성이 크게 발휘되기 위해서는 '생각 체력'이라는 기초 근육이 필요합니다. 어린 시절부터 생각 훈련을 통해 뇌와 몸에 생각 근육과 체력이 길러진 아이만이 깊은 몰입을 할 수 있습니다.

"페이스북에는 뜻밖의 행운인 '세렌디피티'가 담겨 있다"

_마크 저커버그

역사 속 혁신을 이룬 인물들은 모두 자신의 일이 곧 놀이였습니다. 놀이에 깊이 빠져 몰입하다가 그 속에서 세렌디피티(Serendipity, 뜻밖의 우연한 행운)를 만나는 것입니다. 미야나가 히로시의 『세렌디피티의 법칙』을 보면 수학자 아르키메데스는 헤론

왕으로부터 자신의 왕관이 정말 순금으로 만들어졌는지 조사해 달라는 부탁을 받고 고민에 빠졌다가 머리를 식히기 위해 들어간 목욕탕에서 우연히 부력의 원리를 발견했습니다. 그는 너무 기쁜 나머지 옷도 입지 않은 채 '유레카'라고 외치며 집으로 달려간 유명한 일화를 남겼습니다. 뉴턴 또한 사과나무 밑에서 멍하니 있다가 떨어지는 사과를 보고 만유인력의 법칙을 알아냈습니다. 사과나무 아래서 세렌디피티를 만난 것이죠. 뿐만 아니라 페니실린, X-선, 다이너마이트, DNA 이중나선구조, 비아그라, 포스트잇까지 모두가 '준비된 행운'의 산물이었습니다. 세렌디피티는 우리가 어느 대상에 깊은 몰입만 한다면 어느 누구에게나 선물처럼 다가옵니다. 어느 한 분야에서 최선을 다한다면 어느 순간 자신만의 세렌디피티를 만날 것입니다.

2

호기심과 상상력이
창의성의 원재료

창의성은 호기심과 비례한다

피터 심스의 『리틀벳』이라는 책에서는 브리검영대학교의 제프리 다이어 교수와 인시아드의 할 그레거슨이 비즈니스 분야의 창조적 인물들이 어떤 방식으로 생각하며 세상을 관찰하는지에 대해 무려 6년 동안 연구한 내용이 소개됩니다. 두 사람은 3천 명의 기업 임원들과 혁신적인 기업을 설립하거나 그 이전에 없던 새로운 제품을 발명한 500여 명의 사람들을 인터뷰하고 이런 결론을 내립니다.

"지금까지 우리가 언급한 모든 기술은 한마디로 요약될 수 있다. 바로 호기심이다."

호기심을 충족시키고자 하는 열정은 아이디어를 실험하고 행동으로 옮기게 하는 강력한 동기가 됩니다. 그래서 호기심이야말로 혁신과 성공의 기본 재료입니다. 발명왕 에디슨의 엄마 낸시는 에디슨이 알을 이틀이나 품고 있는데도 부화가 안 될 거라고 절대 말하지 않았습니다. 낸시는 에디슨의 호기심을 존중했고 특이한 행동도 인내했습니다. 낸시는 초등학교 교사인데도 아무것도 모르는 사람처럼 아들과 함께 백과사전을 뒤지며 아이의 호기심과 창의성을 키워 줬습니다. 창의성은 어린 시절 어떠한 방식으로 생각하도록 격려받았는지가 정말 중요합니다. 낸시처럼 아이들을 기다려 주고 자유로움을 허용해 주는 것은 사실 큰 돈이 드는 일은 아닙니다. 그런데 우리나라 부모님들이 가장 못하는 부분인 것 같습니다.

　이제는 어떤 질문이든 자유롭게 던지고 무엇이든 만들어 볼 수 있는 열린 분위기를 바탕으로 자신의 호기심에 충실한 아이로 키워야 합니다. 창의적이고 혁신적인 인재들은 '답'을 찾으려고 애쓰지 않습니다. 또 그들이 자라오고 일하는 사회는 단 하나의 옳은 답을 찾는 것만으로 능력을 평가하지 않습니다. 그저 저마다의 흥미로운 질문을 찾아갑니다. 그 질문을 비난하고 무시하는 사람도 없습니다. 모두가 각자의 호기심을 존중하니까요. 그래서 창의성은 전체 사회 분위기도 좋게 만듭니다.

인공지능이 답할 수 없는 질문을 하라

2010년 서울 G20 정상회의에서 미국의 오바마 대통령이 개최

국인 한국 기자에게 질문할 기회를 주었습니다. 그런데 아무도 질문하지 않았습니다. 오바마 대통령은 잠시 당황했지만, 한국어로 질문해도 된다며 센스 있게 대처했습니다. 하지만 한국 기자들은 여전히 아무도 질문하지 않았습니다. 그러자 한 중국 기자가 아시아를 대표해서 질문해도 되겠느냐고 물었고, 오바마 대통령은 먼저 한국 기자에게 발언권을 주었으니, 그들에게 허락을 받으라고 말했습니다. 그런데도 한국 기자의 질문은 없었고, 결국 질문권을 중국 기자에게 넘겨주는 민망한 상황이 발생했습니다. 당시 한국 기자가 궁금한 게 없어서 질문을 안 했을까요? 대체 왜 그랬을까요? 지금 이 글을 쓰고 있는 저도 또 읽고 계시는 분들도 왜 질문을 안 했을지 그냥 압니다. 인정하기 싫지만 이것이 우리의 문화와 교육의 현주소입니다. 이유는 다양하겠지만 영어가 자신 없어서 그런 것일 수도 있습니다. 멋지게 영어로 질문하고 싶었으나, 머릿속에서 한국말을 영어로 번역하는 작업이 순탄치 않자, 다른 기자가 먼저 질문해 주기를 기다린 것입니다. 아니면 '뭐 저런 걸 질문하냐'라는 다른 사람들의 시선이 두려워서 질문을 못 했을 수도 있습니다.

　문제는 우리 아이들도 이런 어른들의 모습을 똑같이 닮아 가고 있다는 것입니다. 수업 시간에 질문을 하라고 하면 일순간 조용해집니다. 질문을 하면 다른 학생들의 시선이 집중돼 튀어 보일까 봐 안 하기도 하고, 자신의 질문이 수업 흐름을 끊거나 수업 진도를 늦춰 다른 사람이 싫어할 것이라고 생각해서 배려하는 이유도 있습니다. 또는 질문을 하고는 싶은데 너무 쉬운 걸 질문하면 창피하고 망신을 당할까 봐 걱정돼 안 하기도 합니다. 하지만 대부분의 교사 (교수)들은 수업 시간에 질문을 받으면 함께 생각해 볼 기회가 생기고, 그로 인해 수업 분위기도 활기를 띠어 긍정적으로 작용하는 경우가 훨씬 많다고 생각합니다.

미래 사회는 인공지능이 답할 수 없는 질문 능력을 키우는 것이 경쟁력입니다. 인간과 기계가 협업하는 사회에서는 기계가 예측하지 못하는 새로운 문제를 발견해 내는 '문제 발견 능력'이 요구될 것인데 그 시작은 바로 호기심과 질문이기 때문입니다. 가장 큰 걸림돌은 정답을 찾는 교육입니다. 주어진 답만 찾도록 훈련된 시험형 인재는 미래 사회에서는 살아남을 수 없습니다.

질문하는 능력이 천재를 만든다

유대인은 질문과 토론을 굉장히 중요하게 생각합니다. 심지어 하나님의 말씀을 읽고도 그저 '네'라고 하지 않고 토론해야 한다고 합니다. 이러한 태도는 정치, 경제, 사회, 문화 곳곳에 퍼져 있습니다. 특히 학문을 할 때는 '그냥 받아들이면 안 된다'는 생각이 머리 속에 박혀 있어 의심하고 '뭔가 더 개선시켜야 할 문제가 있지 않을까?'라고 질문하는 것이 자연스럽게 이루어진다고 합니다.

미국 스탠퍼드대학교는 전 세계 학생을 대상으로 어떤 질문이든

할 수 있는 홈페이지를 운영 중입니다. 질문이야말로 인공지능이 할 수 없는 일이기 때문입니다. 아이들이 던지는 천진난만한 질문 속에서 세상을 바꿀 수 있는 빅 퀘스천Big Question이 나온다는 게 전문가들의 의견입니다. 영국의 초등학생 25명이 땅벌을 연구한 논문이 생물학 잡지 〈바이올로지 레터〉 2010년 12월호에 실렸습니다. 런던대학교의 신경과학자 보 로토 박사는 블랙오톤 초등학교에서 어린 학생들에게 기발한 질문들을 얻어 냈습니다. 벌들이 꿀을 찾는 방법에 대해서 논의하다가 어떤 학생이 "혹시 열을 이용하나요?"라는 질문을 던진 것입니다. 그 질문은 2006년 〈네이처〉에 실린 논문의 주제였습니다. 마음껏 질문할 수 있게 한 것만으로 초등학생들이 어떤 과학자도 실험하지 않았던 연구 결과를 내놓은 것입니다.

빅 퀘스천은 조금 더 나은 세상을 만드는 질문입니다. '오늘 날씨가 어떨까?' 이런 류의 질문이 아니고 '우리나라 미세먼지를 어떻게 하면 없앨 수 있을까?'처럼 묻는 것입니다. 세계 최초로 췌장암 조기 진단 키트를 만든 십대 소년 잭 안드라카는 "현대 의학이 이렇게 발전했는데 왜 췌장암은 조기에 발견하지 못하는 거지?"라는 질문을 시작으로 "어떻게 하면 췌장암을 조기 발견할 수 있을까?"로 빅 퀘스천을 만들고 스스로 답해 나갔습니다. 시각장애인을 위하여 레고로 점자 프린터를 만든 인도계 미국 소년 슈밤 배너지도 "시각장애인들은 어떻게 읽을까?"라는 작은 질문으로 시작해 "어떻게 하면 시각장애인이 싸게 점자 프린터를 구하고 활용할 수 있을까?"라는 큰 질문으로 확대해 결국 문제를 해결했습니다. 이들뿐만 아니라 세상을 바꾼 천재들 중에는 이러한 질문 능력을 계속 발전시킨 사람들이 많습니다. 결국 남이 하지 못한 질문을 하는 사람이 성공하는 것입니다.

상상력이 지식을 이긴다

가상현실 기기 전문 업체 오큘러스는 개발자 회의에서 모든 개발자에게 SF소설책을 나눠 줬다고 합니다. 창조에 필요한 것은 결국 '상상력'인데 개발자나 과학자들도 작가로부터 영감을 얻기 때문입니다. 그래서 과학자들 중에는 '우리는 왜 SF소설가나 영화감독을 뛰어넘지 못하고 그들을 따라다니기만 할까'라고 고민하는 사람도 있다고 합니다. 실제로 지식보다 상상력이 더 중요하다고 여겼던 과학자가 있습니다. 바로 아인슈타인입니다.

"창조적인 일에는 상상력이 지식보다 훨씬 중요하다. 지식은 제한적이다. 그러나 상상력은 온 우주를 그 안에 담을 수 있다. 논리는 우리를 A에서 B로 가게 할 것이다. 하지만 상상력은 우리를 그곳이 어디든 가게 할 것이다."

_알버트 아인슈타인

만일 아인슈타인이 빛의 속도로 날아가는 상상을 하지 않았더라면 상대성 이론은 탄생하지 못했을 것입니다. 라이트형제가 하늘을 나는 상상을 하지 않았더라면 비행기는 탄생하지 못했을 것입니다. 결국 예술이든 과학이든 상상력 없이는 아무것도 나올 수 없습니다. 전문가들이 말하길 이제 기술이 발달할수록 중요한 것은 '콘텐츠', 즉 '스토리텔링' 능력이라고 합니다. 영화와 게임만 봐도 알 수 있습니다. 이제 기술의 제한이 점점 사라져 기발한 상상력과 스토리텔링 능력이 더욱 중요해진 시대입니다. 타이타닉과 아바타의 제임스 카메론 감독은 트럭 운전사 시절에 책을 읽으며 최고의 상상력을 갈고 닦았다고 합니다. 앞으로 어느 분야든 상상력이 있는 자가 그 기술을 활용하고 누릴 수 있습니다. 그러니 부모는 아이의 상상이 허무맹랑하고 어이없어도 그 상상이 절대 무시되거나 무안당하지 않게 격려해 주어야 합니다.

상상력은 '나'를 위해서도 필요합니다. 상상력이 풍부한 사람들이 미래의 불확실함을 보다 더 잘 즐길 수 있기 때문입니다. 성공이라는 것도 결국 아직 오지 않은 미래의 꿈(비전)을 가슴에 품고 노력하면서 이뤄 나가는 것입니다. 그래서 꿈을 이루고 성공을 쟁취하는 여정에서도 중요한 것은 결국 의지력보다 상상력입니다. 상상력으로 연약함과 자기 한계를 뛰어넘어야 합니다. 힘들고 어려운 시대, 익숙하지 않은 모습으로 찾아오는 기회를 알아볼 수 있는 능력인 상상력을 키우는 것이 그 사람의 실력이 될 것입니다.

여백으로부터 상상력과 창의성은 시작된다

혹시 아이들의 스케줄을 살펴본 적 있나요? 웬만한 어른들보다 바빠서 시간을 못내는 게 요즘 아이들입니다. 그렇다고 방학은 어떨까요? 길지도 않은 방학인데 학원 다니면서 선행학습을 하다 보면 방학이 끝납니다. 이런 타이트한 스케줄에 겨우 놀 만한 게 뭐가 있을까요? PC 게임이나 스마트폰으로 노는 수준 정도입니다. 또 방학이 되면 자녀와 관계가 나빠질까 봐 걱정하는 부모님들이 많습니다. 자기도 모르게 아이에게 잔소리를 많이 하게 되기 때문입니다. 아이들도 엄마의 잔소리 테러가 두렵습니다.

자녀가 허투루 시간을 보내는 걸 참지 못하는 부모님들이 참 많습니다. 공부를 안 할 거면 책을 읽든지, 정신 사나운 책상을 정리하든지 운동을 하든지 뭐라도 시켜야 직성이 풀립니다. 하지만 창의성 전문가나 발달심리학 전문가는 자녀에게 아무것도 하지 않는 멍 때리는 시간과 게으름을 허락해야 한다고 조언합니다.

"부모는 아이들에게 끊임없이 자극을 줘야 한다고 독촉하지만 창의성은 외부가 아닌 내면의 자극을 발달시키는 데서 온다. 창의성을 위해서는 때때로 속도를 늦추고 아무것도 안 할 필요가 있다. 끊임없는 활동이 오히려 아동의 상상력을 막을 수 있기 때문이다."

영국의 이스트앵글리아대학교의 테레사 벨튼 교수의 주장입니다. 그는 오히려 부모가 '우리 아이는 끊임없이 뭔가를 해야 한다'

고 생각하는 강박증을 버려야 한다고 충고합니다. 창의성 연구 결과에 따르면 일상생활 중에서 창의성이 가장 높아지는 때는 아무 생각 없이 걷거나, 운전을 하며 노래를 흥얼거리거나, 목욕을 할 때라고 합니다. 미국의 발명 관련 연구기관이 조사한 바에 의하면 미국 성인의 약 20%는 대중교통 안에서 가장 창조적인 아이디어가 떠오른다고 합니다. 실제로 우리도 책상 앞에서 머리를 쥐어뜯을 때보다는 딴짓을 하다가 아이디어가 떠오를 때가 많음을 경험합니다. 그래서 영국의 아동심리학자 린 프라이도는 방학을 게을러지는 자녀와의 전쟁이라고 생각하는 부모들의 강박증에 대해 다음과 같이 경고했습니다.

"성장을 한다는 것은 자신의 여가 시간을 스스로 행복을 느끼는 방법으로 채우고 즐기는 것을 의미하는데, 만약 부모가 자녀의 여가시간을 모두 짜 준다면 아이들은 절대 스스로 하려고 하지 않을 것이다. 지루함은 죄악이 아니며, 자녀가 자립해 가는 과정이다. 방학만이라도 자녀를 지루하게 내버려 둔다면 자녀는 그것이 시간 낭비가 아님을 배울 수 있을 것이다."

창의성도 삶의 여유와 여백이 있어야 나온다는 것입니다. 요즘은 어른 아이 할 것 없이 잠깐 멍 때리기를 할 시간도 없습니다. 어른들만 '저녁이 있는 삶'이 박탈된 것이 아니라 아이들도 그러합니다. 아이가 멍해 있는 것은 뇌에 휴식을 줄 뿐 아니라, 자기 생각을 다듬는 활동의 기회이며, 평소에는 미처 생각하지 못한 영감을 떠

올리거나 문제 해결 능력을 키운다는 점을 꼭 기억해야 합니다. 그리고 오히려 더 의식적으로 먼 산을 바라보고 하늘을 바라보라고 해야 합니다. 더불어 부모의 지나친 우려와 간섭이 내 아이의 창의성을 저해할 수 있다는 것도 잊지 마세요.

범죄 빼고 뭐든 경험해 보게 하라

현재 우리나라 진로 교육의 가장 큰 문제는 앞서 말한 것처럼 직업에 대한 '지식'만 이론으로 배운다는 것입니다. 그러니 진로 시간이나 자유학기제 시간에 아이들은 죽은 지식을 배우니 재미가 없어 잠만 잡니다. 세계적인 로봇 공학자 데니스 홍 교수는 한 인터뷰에서 창의성과 경험에 대하여 이렇게 말했습니다.

"창의력은 뇌가 놀 때 나오는데 논다는 표현은 그냥 마구잡이로 논다는 의미가 아니라 많은 경험을 쌓아야 한다는 이야기입니다. 익숙하고 미리 짜여진 틀에서 벗어나서 다른 분야의 사람들과 소통하고 여행을 하거나 먹어 보지 못한 음식을 먹고 새로운 음악을 듣는 것들이 바로 놀이라는 것입니다. 저는 뇌과학 전문가는 아니지만 이런 행동들이 뇌에 모종의 영향을 미치는 것 같습니다. 한 예로 제가 학생 때 공원에서 어떤 아주머니가 딸의 머리를 땋아 주는 걸 본 적이 있습니다. 머리 땋은 사람은 많이 봤지만 머리를 땋는 프로세스를 본 건 처음이었어요. 머리카락을 세 갈래로 나누고 서로 엇갈리게 넣고 빼는 과정이 너무 흥미로워서 가지고 있던 노트에 스케치해 놨죠. 10년 후 제가 교수가 됐을 때 미국 해군에서 걷는 로봇을 개발하자는 제안을 받았습니다. 늘 그랬듯이 아이디어를 얻기 위해 그동안 스케치해 놨던 노트를 펼쳐 보는데, 머리를 땋아 주던 모녀의 그림을 보는 순간 머리카락이 로봇의 다리로 보였습니다. '아, 다리가 이렇게 움직일 수 있겠구나' 해서 개발한 로봇 중 하나가 세 발로 걷는 로봇입니다. 이처럼 창의력이란 아무것도 없는 것에서 새로운 무언가를 만들어 내는 게 아니라 기존에 있던 전혀 다른 것들을 연결시켜 새로운 걸 만들어 내는 능력이라고 생각해요."

데니스 홍 교수는 창의력은 무에서 유를 창조하는 것, 하늘에서 뚝 떨어지는 것이 아니라 '연결'임을 강조합니다. 이런 연결거리가 많이 쌓이려면 어린 시절의 '다양한 경험=놀이'가 무엇보다 중요합니다.

또 경험이 왜 중요한지 이론적 근거도 살펴보겠습니다. 지식에는 두 종류가 있습니다. 암묵적 지식과 형식적 지식입니다. 그중 암묵지를 주목해야 합니다. 암묵지(暗默知, tacit knowledge)는 언어 등의 형식을 갖추어 표현될 수 없는, 경험과 학습에 의해 몸에 쌓인 지식을 말합니다. 쉽게 말해 마음 지능과 몸의 지능이 잘 연결되는 경우입니다. 암묵지가 발달하려면 시냅스가 가지치기하는 절정기(10세~20세)의 체험이 매우 중요합니다. 그런데 우리는 이때 아이를 학교에만 가둬 놓습니다. 독일의 경우 마이스터 제도를 통해 10대에 사회 경제와 직업 현장을 체험하므로 암묵지가 자연스럽게 커집니다. 독일은 이런 암묵지가 인정받고 암묵지가 좋은 고졸자들이 직업을 갖기에 우수한 중소기업도 많습니다. 이렇게 직업 교육과 인문계 교육이 잘 분리된 나라는 대학에 가고 안 가는 게 크게 중요하지 않습니다. 우리나라처럼 차별로 작용하지도 않습니다. 본인이 스스로 뭔가를 더 배우기 원하면 나이가 들어서 언제든지 대학에 가면 됩니다. 마이스터 제도는 단순한 직업 체험 이상입니다. 10대들이 공부와 동시에 사회 경험을 하면서 사회 참여에도 능동적으로 관심을 가지게 됩니다. 그러면서 자연스럽게 시민의식과 공동체 정신도 자랍니다. 우리 아이들처럼 사회를 인터넷 속에서만 접해서 다른 사람의 생각을 따라하는 것이 아니라 자기만의 경험으로 세상을 바라보는 눈이 형성되는 것입니다. 그래서 앞으로 자유학기제를 비롯해 진로 수업은 더욱 더 세상으로 나가는 기회를 제공해 주어야 합니다.

부모, 살짝 넛지하라

아무리 몰입의 경험이 좋다고 해도 공부를 소홀히 하면 부모들은 걱정이 앞섭니다. 공부에 몰입하면 좋겠지만 게임, 연예인, 스포츠 등 공부와 상관없는 것에 자식이 푹 빠져 있는 모습을 보면 등 짝을 때려 주고 싶은 충동이 올라오는 부모의 마음을 저도 십분 이 해합니다. 하지만 하지 말라고 하면 더 하고 싶은 게 사람의 심리입 니다. 특히 아이들의 심리이죠. 이럴 때 넛지nudge기법을 사용해 보 는 것을 추천합니다. 넛지는 원래 '팔꿈치로 슬쩍 찌르다', '주위를 환기시키다'라는 뜻입니다. 미국의 행동경제학자 리처드 탈러와 법률가 캐스 선스타인은 함께 쓴 책『넛지』에서 '넛지란 사람들의 선택을 유도하는 부드러운 개입'이라고 용어를 새롭게 정의했습니 다. 넛지의 예시는 다양합니다. 암스테르담 공항에서는 소변기에 파리 모양 스티커를 붙여 놓는 아이디어만으로 소변기 밖으로 새 어 나가는 소변량을 80%나 줄일 수 있었다고 합니다. 교내 식당에 서는 몸에 좋은 과일이 학생들에게 인기가 없자 영양사가 과일을 눈에 띄는 곳에 배치했습니다. 그랬더니 아이들이 과일을 더 많이 먹었다고 합니다. 이러한 경우처럼 부모도 대놓고 아이를 통제하 는 것이 아니라 '정황이나 맥락'을 설계해 결정을 유도하는 넛지 기 법을 사용하는 것이 좋습니다.

연예인을 정말 좋아하는 13세 여자아이가 있었습니다. 그 아이 의 부모님은 그 연예인이 속한 연예 기획사 주식을 딸에게 사 주면 서 금융 공부를 시켜 주었습니다. 그러자 아이는 자연스럽게 돈과 금융에 관심을 보였고 엔터테인먼트 산업이 어떤 것인지 살펴보면 서 문화에 관심을 가지기 시작했습니다. 게임을 좋아하는 남자 아이는 게임과 관련된 다른 직업을 살피게 하면서 다양한 진로를 찾게 해 주면 좋습니다. 아니면 아이에게 자연스럽게 코딩 교육을 시켜 주면서 소프트웨어 개발에 대한 진로 마인드를 형성해 줄 수도 있습니다. 아이가 야구와 축구를 좋아한다면 어떤 넛지 기법을 사용할 수 있을까요? 스포츠를 수학과 과학으로 확장시키면 '확률'에 대하여 자연스럽게 공부할 수도 있습니다.

컨설팅을 하면서 꿈이 스포츠 마케터인 학생을 만난 적이 있습니다. 그 학생은 어린 시절부터 스포츠를 정말 좋아했다고 합니다. 부모님은 그 학생에게 스포츠와 과학, 스포츠와 경영이 만나는 지점에 대하여 생각할 수 있도록 관련 신문 기사와 도서 그리고 영화와 다큐멘터리를 많이 보여 주었다고 합니다. 그 학생은 세계사는 싫어했지만 야구와 축구에 관한 책을 읽다 보니 국가별 축구와 야구의 역사까지 더 잘 알 수 있게 되었다고 합니다.

부모가 사용하는 넛지 기법은 아이의 관심사로 접점을 형성하는 것이 첫째입니다. 공통의 관심사로 자녀와 친밀감을 형성하면서 자연스럽게 분야를 확장해 주는 것입니다. 통제와 억압이 아니라 자녀와 함께 즐기는 순간 어느새 아이의 생각이 확장되어 있을 것입니다. 그러니 자녀가 뭔가에 빠져드는 것을 절대 두려워하지 마세요. 알파고를 이길 알파 덕후가 되어 어느 순간 세상을 움직이는 어른이 되어 있을 수도 있으니까요.

● 성공과 행복을 동시에 누리는 사람들의 공통점은 대부분 한 분
야에 깊숙이 들어가 제대로 놀 줄 안다는 것이다. 그 과정에서 그
들은 깊은 몰입을 경험한다. 앞으로는 일과 놀이의 구분이 없는
몰입형 인재가 창의성을 발휘하고 더 많은 부를 거머쥐게 된다.

● 깊은 몰입의 조건은 '강요가 없는 상태에서 완전히 자유롭게 자
신의 욕구에 따라 행동하는 것'이다. 결국 아이들이 공부를 강요
당할 때 깊은 몰입은 결코 일어나지 않는다.

● 역사 속 혁신을 이룬 인물들은 모두 자신의 일이 곧 놀이였다.
놀이에 깊이 빠져 몰입하다가 그 속에서 세렌디피티(뜻밖의 행
운)를 만난 것이다.

● 인간과 기계가 협업하는 시대에는 기계가 예측 못하는 새로운
문제를 발견해 내는 능력이 요구되는데 그 시작은 바로 호기심
과 질문에 있다. 남이 하지 못하는 질문을 던질 수 있는 사람이
성공하는 세상이 왔는데 여전히 정해진 답만을 찾는 교육을 고
집하고 있는 것은 아닌지 돌아볼 때가 되었다.

● 영국의 테레사 벨튼 교수에 따르면 창의성은 외부가 아닌 내면
의 자극을 발달시키는 데서 온다. 따라서 창의성을 위해서는 때
때로 속도를 늦추고 아무것도 안 할 필요가 있다. 아이의 상상
력이 자라날 충분한 시간을 줘야 한다.

6장

퍼지 사고
Fuzzy

융합형 인재가 필요하다

퍼지 사고 Fuzzy
융합형 인재가 필요하다

1

T자형 인재를 원하는
미래 사회

여러 우물을 파서 결국 나만의 물줄기를 만든다

지금까지 성공의 진리는 '한 우물만 파라'였습니다. 우리는 대부분 어려서부터 '한 우물만 파라'를 금과옥조처럼 듣고 자랐습니다. 한 우물만 파서 그 분야의 전문가가 되어야 인정받고 밥벌이를 잘할 수 있었기 때문입니다. 그래서 다른 분야에 관심을 가지면 한 분야만 진득하니 하라고 핀잔을 주었던 시대에 살았었습니다. 요즘 자유학기제 진로 강연을 하러 중학교를 많이 다니다 보면 청소년들이 선호하는 직업이 예전 세대와 많이 달라진 것을 느낍니다. 대표적인 직업이 바로 '셰프'입니다. 특히 인기 많은 사람이 바로 백종원 씨입니다. 그런데 백종원 씨는 직업이 정말 다양합니다. 기업인, 요리연구가, 방송인, 작가입니다. 덤으로 광고 모델까지 해서 많은 부수익을 얻고 있습니다. 학생들은 백종원 씨가 멋지고 부러운 이유가 '자기가 즐거워하는 일로 돈을 많이 벌어서'라고 말합니다. 정말 솔직하고 맞는 말이어서 저도 고개를 끄덕입니다. 백종원 씨는 '요리'라는 기본 콘텐츠를 가지고 자유자재로 우물을 파서 자신의 세계를 잘 구축한 사례입니다.

이제 미래는 한 우물을 파는 I자형 인재보다 T자형 인물을 원합니다. T자형 인재라는 말은 수평적으로 다른 분야에 대한 지식과 문제 해결 능력을 갖추며 수직적으로는 특정 분야의 전문성과 능력을 깊이 있게 가진 인재를 말합니다. 한 우물만 파는 것이 아니라 중심이 되는 한 우물을 깊이 파면서 동시에 다른 우물과 연결을 짓고 융합할 수 있는 능력을 지닌 사람을 말하는 것입니다. 즉, 우물을 깊이 파지 말라는 말이 아니라 한 우물만 파는 것만으로는 미래에는 경쟁력이 부족하다는 말입니다. 이와 비슷한 뜻으로 '통섭 統攝'이라는 말도 있습니다. 이화여대 최재천 교수가 국내에 소개한 '통섭'은 '서로 다른 것을 한데 묶어 새로운 것을 잡는다'는 뜻으로 '통섭형 인재'는 '이것저것 잘하는 팔방미인이 아니라 확실한 자기 전문 분야를 기반으로 다른 분야에도 소질이 있어 다른 분야 전문가들과 공동 연구를 할 수 있는 인재'를 가리킵니다.

우리나라도 2015 개정 교육과정에 따라 2018년부터는 문과 이과 계열 구분 없이 공통과목을 배웁니다. 특히 사회와 과학의 경우 '대주제'를 중심으로 통합사회, 통합과학이 신설되어 주제별로 학습을 합니다. 앞으로 융합이 정말 중요한 것을 실감해 국가적으로 준비를 시키려 하는 것이죠. 이미 전 세계는 융합형 인재가 미래에 필요한 존재라는 것을 직시하고 있습니다. 로버트 루트번스타인은 『생각의 탄생』에서 "창의적 인재란, 미술, 음악, 시 등 다른 영역의 세계를 자유자재로 활용할 수 있는 융합형 인재다. 국가든 기업이든 한 분야의 전문가보다 모든 분야를 자유자재로 넘나들 수 있는 신르네상스인을 키워야 한다"고 주장했습니다. 스티브 잡스도 자신의 전기문에서 인문학에 대한 생각을 다음과 같이 말하고 있습니다.

"어릴 때부터 항상 저 자신이 인문학적 성향을 지녔다고 생각했어요. 그런데 전자공학도 무척 맘에 들었거든요. 그러던 어느 날 영웅 중 한 명인 폴라로이드사의 에드윈 랜드가 한 말을 읽었어요. 인문학과 과학기술의 교차점에 설 수 있는 사람들의 중요성에 대한 얘기였는데, 그걸 읽자마자 저는 그런 사람이 되고 싶다고 결심했지요."

스티브 잡스의 전기에 앞서 벤저민 프랭클린과 아인슈타인의 전기를 집필한 작가인 월터 아이작슨은 스티브 잡스 전기의 서문에 다음과 같이 쓰고 있습니다.

> "인문학적 감각과 과학적 재능이 강력한 인성 안에서 결합할 때 발현되는 창의성은 벤저민 프랭클린과 알베르트 아인슈타인 전기에서 내가 가장 흥미로워한 주제였다. 그리고 나는 그것이 21세기에 혁신적인 경제를 창출하기 위한 열쇠라고 믿었다."

이제 2020년 이후부터 사회는 과학기술과 인문학적 능력과 예술성을 모두 갖추고 있는 인재를 필요로 합니다. 문제는 우리 아이들이 현재나 미래가 필요로 하는 T자형 인물이나 융합형 인물로 잘 준비되고 있느냐 하는 것입니다.

미래 직업 세계에서는 융합형 직업이 뜬다

이제 직업 세계에서도 '융합'이 필수입니다. 이미 대학에서는 '아트앤테크놀러지학과' 같은 문이과융합형 학과가 점차 증가하고 있습니다. 당연히 미래 직업 세계에서도 이를 피할 수 없습니다. '메디컬일러스트레이터'는 어려운 의학정보를 사람들이 쉽게 이해하도록 시각화하는 사람을 말합니다. 의학이라는 학문과 일러스트라는 직업이 융합된 경우입니다. 이럴 때 필요한 자질은 당연히 의학지식과 그것을 시각적으로 이미지화할 수 있는 디자인 능력입니

다. 이 직업은 이과와 예술형 인재가 만난 경우입니다. 융합형 직업
은 앞으로 더 증가할 것입니다. 근래에는 스마트 프로듀서와 앱티
스트라는 직업도 생겨났습니다. 스마트 프로듀서는 스마트폰, 태
블릿 PC 등의 스마트 디지털 기기와 다양한 앱을 활용하여 영상
을 촬영하고 편집하여 빠르게 영상을 만드는 일을 합니다. 앱티스
트는 APP + ARTIST의 합성어로 앱으로 예술을 하는 사람을 말합
니다. 영상, 음악, 사진, 미술, 디자인, 교육, 비즈니스 등 앱의 다양
한 범위 안에서 앱을 활용하고 연구하여 스마트 기기의 콘텐츠 소
비자들을 콘텐츠 생산자로 전환하는 일을 합니다. 앱티스트는 다
양한 앱을 사용하여 자신만의 콘텐츠로 누군가를 감동시킬 수 있
는 사람이라면 누구나 할 수 있다고 합니다. 스마트폰이 일상이 되
어 있는 아이들에게도 앱티스트는 좋은 동기부여가 됩니다. 자신
의 일상과 이벤트를 앱티스트처럼 기록하고 공유한다면 콘텐츠 생
산자로서의 가능성을 넓히는 것이기 때문입니다.

　미래 사회는 사람들의 필요가 정말 다양해집니다. 또 취직을 하
기가 힘들기에 직업세계에서 프리랜서로 틈새시장을 공략하기 위
해서라도 융합형 직업이 만들어질 수밖에 없습니다. 이러한 융합
형 직업에 알맞는 융합형 실무 능력을 키우도록 아이들 교육을 해
주는 게 중요합니다.

퍼지 사고력이 확산되는 교실

그렇다면 어떻게 하면 T자형 인재가 되는 준비를 할 수 있을까요? 조벽 교수는 『인재혁명』에서 미래 인재에게는 퍼지 사고력 Fuzzy Thinking이 필요하다고 합니다. 퍼지 사고력이란 알쏭달쏭한 상황을 헤쳐 나갈 수 있는 사고방식입니다. 사고력은 크게 '수렴적 사고력'과 '발산적 사고력'이 있습니다. 수렴적 사고력은 정답이 있는 문제를 풀 때 중요한 사고력입니다. 우리나라 시험 스타일인 사지선다형 문제라고 보시면 됩니다. 정답 하나를 골라야 하기에 애매모호하면 절대 안 되고 흑백논리가 핵심입니다. 반면에 발산적 사고력은 이와 정반대입니다. 여러 가능성을 하나로 압축해 가는 과정과 달리 하나의 생각이 새로운 정보와 지식과 다른 사람의 생각을 접하고 서로 어우러지면서 더 다양하고 멋지고 풍요로운 생각으로 발전해 나가는 과정입니다. 수렴적 사고력이 정답을 향한 닫힌 사고력이라면 퍼지 사고력은 여러 가능성을 추구하는 발산적 사고력과 열린 사고력이라 할 수 있습니다. 둘 중 하나를 선택하면 나머지 하나는 포기해야 하는 양자택일적 사고를 버리고 두 대안의 장점을 통합하여 새로운 대안을 창조해야만 '새로운 차이'를 만들 수 있습니다. 그래서 퍼지 사고력은 융합과 통섭의 기본 사고력이 됩니다.

미국 영재학교에서 첫 시간에 내주는 문제는 "1+1=1을 증명하시오"입니다. 당연하게 생각하는 문제를 새로운 눈으로 보게 하는 것입니다. 그런데 우리나라 교육은 여전히 수렴적 사고력이 대세입니다. 특히 입시에서 더 그렇습니다. 학생부 종합전형은 학교생활기록부와 자기소개서 면접으로 입학하는 전형인데 복잡하고 귀찮고 애매하니 차라리 수능시험으로, 심지어 80년대 학력고사를 부활해서 대학을 가야 한다고 주장하는 학부모들이 정말 많습니다. 그저 주입식으로 공부해서 사지선다형 문제 잘 풀어 점수가 높은 사람이 인재라고 생각하는 사람들은 수렴적 사고를 잘하는 사람만이 인재라고 생각하는 것입니다. 수렴적 사고에만 익숙해지면 '발산적 사고력' 자체가 귀찮기 때문입니다. 수업시간에 교사가 내준 문제에 조용하고 차분하게 바로 정답을 맞히면 이류교육이라고 합니다. 그런데 교사가 내준 문제에 정해진 정답이 없어서 정답을 찾기 위해 토론을 하다못해 격렬한 논쟁까지 한다면 일류교육이라고 합니다. 우리 교실을 둘러보면 우리나라는 여전히 이류교육임을 실감합니다.

좌뇌와 우뇌를 골고루 사용하는 인재

전 세계는 이제 인재를 바라보는 시선이 정말 많이 바뀌었습니다. 국제기구, 글로벌기업 지원서 양식의 변화가 그 예인데요. 미래 예측 능력을 적게 하거나 좌뇌형인지 우뇌형인지를 표시하는 난이 생기고, 학력, 성별, 나이를 적는 난은 없어지는 추세입니다. 제4차 산업혁명 시대에 필요로 하는 인재상이란 '뇌 전체를 골고루 사용할 줄 아는 인간'입니다.

인간의 좌·우 뇌가 서로 다른 역할을 하는 것은 이제 많이 알려져 있습니다. 우뇌는 직관과 감정을 담당하고 전체적인 그림에 초점을 맞추는 기능을 합니다. 일반적으로 우뇌가 우수한 사람은 창조적이고 예술적이며 문제 해결에 있어 감정이나 직관에 의존하는 경향이 높습니다. 그에 비해 좌뇌가 높은 사람은 논리적이고 분석적이고 계획적입니다. 학교에서 이루어지는 교과목 공부나 고시 등의 수험공부는 좌뇌가 발달할수록 유리한 게 사실입니다. 지금까지 산업사회에서 선호한 인재도 일처리를 체계적으로 잘하는 좌뇌형 인간이었습니다. 앞에서 말한 수렴적 사고, 발산적 사고도 좌뇌, 우뇌와 연결되어 있습니다. 우뇌형 인간은 다소 엉뚱하고 어디로 튈지 모르는 발산적 사고를 한다고 알려져 있고 좌뇌형 인간은 종합하고 분석하는 능력이 뛰어나 수렴적 사고를 한다고 합니다. 좌뇌는 대체로 학습을 통해서 우뇌는 실생활의 경험을 통해 지식을 얻습니다. 그래서 학습과 경험의 조화가 중요한 것입니다.

그런데 이제는 좌뇌형 인간이냐, 우뇌형 인간이냐 나뉘는 게 중요한 게 아닙니다. 좌뇌와 우뇌를 얼마나 골고루 활용할 줄 아느냐가 중요합니다. 이 둘의 조화가 잘 이루어지는 인재가 곧 융합형 인재입니다. 최근 뇌과학 연구에 의하면, 우리의 이성, 감정, 언어, 수리, 시각화를 포함하는 다양한 기능이 좌뇌나 우뇌 어느 한쪽이 아니라 양쪽의 통합에 의해 발달한다고 합니다. 우뇌와 좌뇌는 각각 기능과 역할이 다르지만 서로 보완하고 조화될 때 빛을 발합니다. 실제 우리의 삶이 그렇습니다. 문제가 발생해 해결하려고 할 때 큰 그림과 함께 분리된 조각들을 보고 분석을 합니다. 사람들끼리 의사소통을 할 때도 그렇습니다. 감정적이기만 해서도 안 되고 또 차갑게 논리적이기만 하면 커뮤니케이션이 원활하지 않습니다. 논리와 감정이 교류하면서 소통이 이루어지는 것입니다. 좌뇌의 수렴적 사고와 우뇌의 발산적 사고가 번갈아 가면서 활약을 하는 훈련을 많이 할수록 창의성이 높아진다는 연구 결과도 있습니다. 그러니 아이가 학습과 경험이 조화되는 상황에 많이 노출되도록 도와줘야 좌뇌(수렴적 사고)와 우뇌(발산적 사고)를 연결시키는 매커니즘이 아이 안에 잘 정착되는 것입니다.

2

창의 융합형 인재가 되는
라이프 스타일

대한민국 소프트웨어 교육이 불안한 이유

전 세계에 소프트웨어 교육 열풍이 불고 있습니다. 미국은 2016년 초 소프트웨어 교육에 40억 달러를 투입하겠다고 밝히며 '모든 이를 위한 소프트웨어 교육'의 필요성을 강조했고 영국도 유치원에서부터 소프트웨어 교육을 추진할 계획입니다. 우리나라도 2018년부터 전국의 중고등학교를 시작으로 2019년에는 초등학교에서도 소프트웨어 교육이 도입될 예정입니다. 현재 900개의 초중고등학교가 소프트웨어 선도학교로 시범 운영되고 있으며 소프트웨어 중심대학도 14곳이나 됩니다.

하지만 대한민국 소프트웨어 교육은 약간 불안합니다. 소프트웨어 하면 코딩(coding, 컴퓨터 작업 흐름에 따라 프로그램의 명령문을 사용해 프로그램을 작성하는 일)만 생각하는 학부모들이 많기 때문입니다. 벌써부터 강남, 목동, 분당 일대에는 현직 개발자나 대학원생을 선생님으로 모셔 진행하는 코딩 그룹과외가 성행하고 한 달에 200만 원~300만 원씩 하는 코딩캠프에도 자리가 없어 몇 개월을 대기해야 한다는 기사들이 쏟아져 나오고 있습니다. 이 기사를 보면서 가뜩이나 미래에 대해 불안한 학부모들은 자식이 더욱 뒤쳐질까 봐 걱정하게 됩니다. 코딩 교육 열풍의 배경에는 미래 사회에 경쟁력 있는 미래 인재로 키워 내고자 하는 부모들의 열망도 있겠지만 2018년부터 시행되는 '소프트웨어 특기자 전형'에서 자녀 입시를 성공시키고자 하는 마음도 섞여 있습니다. 그래서 제도가 본격적으로 시행되기도 전부터 벌써 반대하는 시민단체가 나오는 우스꽝스러운 모습이 연출되고 있습니다. 학부모들도 소프트웨어 교육과 코딩 교육의 중요성 자체에는 이견이 없어 보입니다. 하지만 학부모들은 이 교육조차 평등하게 받는 것이 아니라 (형식적인 교육 말고 양질의 교육을 말합니다.) 경제력에 좌우되는 사교육 열풍이 불 것이라고 보고 불안한 것입니다.

우리나라는 현재도 코딩하는 인력이 부족하지 않다고 합니다. 하지만 국가가 공을 들여서 소프트웨어 교육을 시키려는 이유는 단순 코딩을 잘하는 인력 배출이 목적이 아니라 새로운 부와 가치를 창출하는 창의적 인재를 육성하기 위함입니다. 그런데 지금의 소프트웨어 교육 방향을 보면 그저 기술자들만 육성할 뿐이지 스티브 잡스나 인스타그램의 케빈 시스트롬은 도무지 나오기 힘들 것 같다는 슬픈 예감이 듭니다.

퍼스트 무버가 되게 만드는 길

스티브 잡스는 이 시대 가장 창의적인 인물로 평가받습니다. 그가 컴퓨터, 휴대폰, 태블릿을 발명하지는 않았습니다. 하지만 창의성을 발휘해서 기존의 상품들을 더 정교하고 아름답고 편리하게 만들었습니다. 이처럼 그가 창의성을 발휘하게 된 요인은 대학시절 인문학과 타이포그래피를 즐기며 쌓아둔 미적 감각을 산업적으로 활용한 데 있습니다. 융합 마인드를 갖춘 창의 인재가 세상의 혁신을 이끌어 낼 수 있음을 스티브 잡스는 증명한 것입니다.

2010년 10월 애플 앱스토어에 처음 선보인 인스타그램은 출시 한 달 만에 가입자가 100만 명이 넘었고, 안드로이드 버전에서는 마켓에 등록한 지 하루 만에 다운로드 100만 건을 넘었습니다. 2012년에 기업가치 5억 달러로 평가받던 인스타그램은 페이스북에 의해 10억 달러에 인수되었습니다. 이는 모바일 앱 기업 인수 합병 사상 최대 규모의 거래로 그 당시 실리콘밸리에서도 핫이슈였습니다. 인스타그램의 공동 창업자인 케빈 시스트롬과 마이크 크리거는 융합형 인재의 대표적 사례입니다. 케빈 시스트롬은 어릴 때부터 사진광이었고 고등학교 시절엔 음악에 빠져 레코드 가게에서 DJ 활동도 했습니다. 스탠퍼드대학교 컴퓨터공학과에 진학했지만 학술적 성격이 강하다고 생각해 경영학과 엔지니어링으로 전공을 바꿨습니다. 하지만 그는 전공 공부를 열심히 하기보다는 인터넷 라디오 방송국에서 활동하고 사업적 역량을 키우기 위해 다양한 활동과 인턴 경험을 했습니다. 인스타그램의 필터링 기술은 각각의 사연이 담긴 감각적인 이름들로 시선을 끄는데 대학 시절 피렌체에서 듣던 수업에서 터득한 것입니다. 당시 선생님은 그의 니콘 카메라 대신 플라스틱으로 만든 토이 카메라인 홀가 Holga를 쓰도록 했는데 온갖 화려한 촬영 기교에 익숙했던 그에게 예술적 감각을 키워 주기 위해서였다고 합니다. 필터링 기술 외에도 사진을 찍으면 정사각형으로 변환하는 기술의 아이디어도 이 사진기에서 나온 것입니다. 또 다른 창업자 마이크 크리거는 대학에서 심리학과 언어학, 철학의 종합 학문인 신호체계를 전공했는데, 그는 컴퓨터 UI 디자인에 사람이 어떤 반응을 보이는지 알아보는 프로젝트에 참여하는 등 인간의 심리를 연구하며 이것을 인스타그램에 적극 활용했습니다. 그의 지도교수인 클리퍼드 나스가 '인스타그램은 기술의 승리가 아니라 디자인과 심리학의 승리'라고 한 것도 이런 이유에서입니다. 초보가 찍어도 전문가의 작품처럼 보여 아름다움을 추구하고 표현하고 공유하려는 인간의 욕망을 만족시켜 주기 때문이죠.

지금까지 부모 세대는 소프트웨어의 소비자로만 살았지만 2030년에 경제 활동을 할 아이들에게는 크리에이터가 될 수 있는 기회의 장이 지금 열렸습니다. 중요한 것은 기술만이 아니라 인문학과 예술 교육이 함께 이루어져야 한다는 것입니다. 지금까지 우리는 패스트 팔로어Fast Follower였습니다. 패스트 팔로어란 선구자 기업이 새로운 분야를 개척해 놓으면, 이를 벤치마크해 1위 기업보다 더욱 개선된 제품을 싼 가격에 내놓는 추종자입니다. 이는 1970년대 일본 기업과 90년대 이후 한국 기업의 주된 전략이었습니다. 하지만 이제 패스트 팔로어 전략만으로는 한계가 있습니다. 이제는 퍼스트 무버(First Mover, 산업의 변화를 주도하고 새로운 분야를 개척하는 창의적인 선도자)가 되어야 살아남을 수 있습니다. 인문학적 교육, 예술 교육을 함께하지 않는다면 우리에게 세상을 바꾸는 퍼스트 무버가 나오는 데는 더 오랜 시간이 걸릴 것입니다. 이제 대한민국에서 수많은 퍼스트 무버가 나와야 할 때입니다.

질문이 있는 도미노 독서

독서의 중요성을 모르는 사람들은 없습니다. 특히 부모들은 독서가 자녀의 일평생 습관이 되도록 많은 노력을 기울입니다. 학교에 다니는 동안에는 과제 때문에 억지로라도 읽습니다. 또 사회 생활하면서는 필요 때문에 가끔 읽기도 하고 재미를 위해 읽기도 합니다. 하지만 많은 사람들은 책을 그냥 읽고 끝나 버립니다. 반면에 요즘은 독서로 인생을 바꿨다는 사람들도 종종 보입니다. 미래 사회에는 창의성 넘치는 인재가 필요하다고 여기저기서 말하는데 독서야말로 융합력을 키우기에 가장 최적화된 활동이기 때문일 것입니다.

그렇다면 융합 능력을 키우는 독서는 어떻게 하는 것일까요? 먼저 '질문이 있는 독서'입니다. 대부분의 부모들은 자신의 의도대로 아이에게 책을 선별해 줍니다. 하지만 책을 읽는 주체는 결국 아이 자신입니다. '자기'가 기준이 되어서 자신의 내적인 세계를 거울을 비추듯이 읽게 해 주어야 합니다. 그래서 질문이 중요한 것입니다. 이때 질문도 정해진 질문이 아니라 아이가 질문을 만들어 가도록 도와 주어야 합니다.

또 다른 방법은 다양한 활동을 병행한 독서토론입니다. 중학교에서 학습코칭 과정으로 독서토론을 진행한 적이 있습니다. 이때 독서토론은 여러 활동을 합쳐서 했는데요. 단편소설 분량의 독서 텍스트를 첫 번째 단계는 역할을 정해서 역할극을 하게 합니다. 첫 단계의 목적은 '낭독의 즐거움'을 발견하게 하는 것입니다. 두 번째 단계는 읽고 아무 질문이나 만들어 보게 합니다. 그런데 대부분 처음 할 경우에는 학생들이 질문을 잘 만들지 못하고 어려워합니다. 그래서 단답형의 단순한 질문부터 여러 답이 나올 수 있는 확장형 질문까지 제가 만들어서 주었습니다. 세 번째 단계는 필사를 하게 합니다. 가장 인상 깊은 단락과 구절을 필사하게 합니다. 그런 다음 토크쇼처럼 대화를 하고 느낀 점을 나눕니다. 때로는 주제와 관련된 음악을 미리 선별해 갑니다. 그러면 아이들은 음악을 통해 풍부한 감정을 느끼고 자신이 아는 다른 노래를 자유롭게 말하고 영화도 말합니다. 때로는 느낀 점을 그림으로 시각화하는 작업을 합니다. 시간적 여유가 있는 아이들은 인포그래픽을 만들거나 UCC를 만듭니다. 그러면 독서 텍스트 한 개를 통해 여러 가지 능력이 키워지는 것입니다. 이 과정 자체가 벌써 다양한 활동을 병행한 융합 활동이 됩니다.

더 심화된 독서 방법은 통섭의 전문가 최재천 교수가 추천한 '기획 독서법'입니다. 최재천 교수는 기획 독서를 통해 새로운 분야의 전문가가 될 수도 있다고 말합니다. 아이들에게야말로 기획 독서가 더 필요한데, 간접 경험을 깊이 할 수 있도록 도와주기 때문에 진로 설정에 큰 도움이 됩니다. '디자인'에 관심이 있던 어떤 아이는 기획 독서를 하면서 '적정 기술'로까지 관심이 확장되어 산업디자이너의 꿈을 가지게 되었습니다.

우연히 TV다큐멘터리에서 배상민 카이스트 산업디자인학과 교수를 알게 되어서 그에 대하여 더 알고 싶은 호기심이 생김 → 배상민 교수가 쓴 『나는 3D다 : 나눔 디자이너 배상민의 세상을 바꾸는 크리에이티브』라는 책을 읽게 됨 → 책에 나온 '적정 기술'에 호기심이 생김 → 과학시간에 '적정 기술'을 언급함 → 적정 기술에 관련된 책들을 더 찾아 기획 독서를 하게 됨 → 봉사 나눔 동아리 활동에 적정 기술이 아프리카에서 어떻게 쓰이는지 조사 → 기부 활동에 동참 → 산업디자이너의 꿈을 가지고 입시 준비교과와 비교과 활동이 연결되듯 학생의 모든 활동은 유기적으로 연결될 수 있습니다. 자신의 꿈을 향해 열정적인 학생은 살아 있기에 그저 가만히 있을 수가 없습니다. 그 안에서 열정이 꿈틀대 역동하기에 행동으로 자연스럽게 나오게 됩니다. 그러면 단순한 관심과 호기심으로 시작한 독서가 또 다른 활동으로 자연스럽게 연결이 되어 융합 능력의 씨앗을 키울 수 있게 되는 것입니다.

● 4차 산업혁명 시대는 한 우물만 파는 'I자형 인재'를 넘어 자신의 분야에 대한 전문성을 바탕으로 다른 분야와 융합해서 창의적으로 문제를 해결할 수 있는 'T자형 인재'를 필요로 한다.

● 퍼지 사고력은 조벽 교수가 『인재 혁명』에서 내세운 개념으로 하나의 정답이 없고 알쏭달쏭한 상황을 헤쳐 나갈 수 있는 열린 사고력이자 여러 가능성을 추구하는 발산적 사고력이다. 미래 사회에서는 하나를 선택하면 나머지를 버려야 하는 양자택일적 사고를 버리고 두 대안의 장점을 통합해서 새로운 대안을 만들어 낼 수 있어야 생존할 수 있다.

● 아이가 학습과 경험이 조화되는 상황에 많이 노출되도록 도와줘야 좌뇌(수렴적 사고)와 우뇌(발산적 사고)를 연결시키는 매커니즘이 아이의 두뇌 안에 잘 정착된다.

● 우리 아이들이 살아갈 시대는 산업 변화를 주도하고 새로운 분야를 개척하는 퍼스트 무버first mover가 되지 않고서는 살아남을 수 없다.

● 독서는 융합력을 키우기 위해 최적화된 활동이다. 부모는 아이가 책을 읽으며 '질문이 있는 독서'를 하도록 이끌어 줘야 한다.

7장

공존 지능
One Body

최고의 경쟁력, 사랑

공존 지능 One Body
최고의 경쟁력, 사랑

<hr />

1

인성도 실력,
성적처럼 관리해야 한다

함께 일하고 싶은 사람이 성공한다

청년실업 문제. 전 세계가 대학 졸업생들의 취업 문제로 괴롭습니다. 2013년 미국대학연합회 연구에 따르면 대학 졸업생 65%가 취업 절벽에 이를 것이며 고용주 93%는 비판적 사고력과 명확한 커뮤니케이션 능력, 복합 문제 해결력을 보여 주는 것이 구직자들의 학부 학위보다 중요하다고 했습니다. 지금 세계 구직 시장은 역사상 유례를 찾을 수 없는 고학력 인재의 홍수 시대입니다. 정보나 지식의 양만으로는 더 이상 경쟁력 있는 인재가 될 수 없습니다. 이제는 지식과 실력이 탁월해야 하는 것은 기본이고 세계화의 적응력도 구비되어야 합니다. 그리고 무엇보다 인간만이 할 수 있는 최고의 창의력을 갖추어야 합니다. 이 책의 앞부분에서부터 다룬 내용을 종합해 보면 결국, 미래 인재는 삶의 불확실성을 감내하고, 과거와 현재에 대한 이해를 바탕으로 자신의 미래를 주도적으로 만들어갈 수 있어야 하며, 이를 위해 창의적인 문제 해결을 위한 인지능력과 공감을 기반으로 하는 대인관계 능력, 새로움에 도전하는 자기혁신 능력, 긍정적 사고를 기본으로 하는 동기부여 능력을 아우를 수 있어야 합니다. 그런데 이러한 행위와 판단, 가치관은 결국 '훌륭한 인성'으로 귀결되고 있습니다. 따라서 인성교육은 현재 우리 사회가 처한 문제와 위기를 해결하기 위한 수단일 뿐만 아니라 성공적인 미래 사회로의 진입을 위한 필요조건입니다. 그래서 앞으로 기업과 대학은 지적 영역의 공부만 잘하는 학생이 아니라 인성 영역의 리더십, 봉사성, 책임감 등의 잠재력까지 종합적으로 평가해 합격 여부를 가립니다.

우리나라도 점점 교육 선진국의 정책과 입시 트렌드를 따르는 추세인데 이는 세계 명문 대학의 입시기준만 봐도 알 수 있습니다. 세계 명문대는 지원자가 '중고등학교를 다니면서 학교와 주변 사회에 어떤 유익하고 선한 영향력을 미쳤는가'를 중요하게 살핍니다. 그리고 미약하더라도 '공동체에 선한 영향력을 미치고자 하는 잠재력을 가졌는가'를 따집니다. 학생의 이러한 가능성을 잘 분별하면 학생이 입학 후 대학에 어떤 영향을 얼마나 끼칠 것인가 예측할 수 있고 더 나아가 사회와 인류에 어떤 영향력을 미칠 것인가를 예측할 수 있기 때문입니다. 즉, 얼마나 공동체에 기여하는지, 베푸는지, 리더십을 지녔는지, 꿈이 있는지를 파악하려고 합니다.

이제는 혼자서 할 수 있는 것은 아무것도 없습니다. 하늘 아래 새로운 것은 없다는 말처럼, 실제로 세상을 바꾸는 혁신과 창의력도 한 명의 천재에게서 나오는 것이 아니라 집단지성의 협업을 통해서 나옵니다. 세상에는 혼자 잘나서 풀 수 있는 문제가 없습니다. 이제는 다양한 지식과 능력을 가진 전문가가 함께 모여 협업을 이루어야 하는 세상입니다. 그런데 이런 시대에 사람들이 '나'와 함께 일하고 싶지 않다면 어떻게 될까요? 그래서 학생부 종합전형 대입 자기소개서 3번 문항도 '나눔, 협력, 배려'의 사례를 물어봅니다. 인성은 이제 단순히 착한 성품이 아니고 구체적으로 말해서 '함께 일하고(공부하고) 싶은 마음이 드는 사람인가'를 말합니다. 더 나아가 '부와 가치를 창출할 수 있게 해 주는 실력'이라고 보시면 됩니다.

그런데 여전히 인성에 대한 큰 오해가 있습니다. '인성은 저절로 생긴다'고 보는 것입니다. 인성도 실력이기에 저절로 이루어지는 게 아니고 갈고 닦는 노력이 필요합니다. 국어, 영어, 수학에 많은 시간과 돈을 투자하듯 인성이라는 실력을 얻기 위해서 똑같이 돈과 시간을 투자하고 노력하고 훈련해야 합니다. 인성교육은 이제 선택이 아니고 필수라는 것을 인지하시고 부모님들이 마인드를 바꾸셔야 합니다.

공존을 생각하는 제9의 지능에 주목하라

이제는 너무나 유명한 하워드 가드너의 다중지능 이론은 인간의 소질과 능력에는 8가지가 있다고 봅니다. 8가지의 지능을 살펴보면 첫 번째 언어지능, 두 번째 논리수학지능, 세 번째 음악지능, 네 번째 공간지능, 다섯 번째 신체운동지능, 여섯 번째 대인관계지능, 일곱 번째 자기이해지능, 여덟 번째 자연친화지능입니다. 8가지 지능은 개인 안에서 각기 다른 프로파일을 보이는데 바로 이것이 '개인의 적성의 특성'을 보여 준다는 것입니다. 가드너의 다중지능은 진로교육에 있어 매우 중요한 개념입니다.

"아인슈타인은 논리수학지능, 공간지능은 뛰어나지만 언어지능은 조금 부족하다."

다중지능은 IQ처럼 공부 못하는 인간, 공부 잘하는 인간으로 나누는 게 아닌 각각이 가지고 있는 강점과 재능에 집중하는 것입니다. 공부를 잘하는 것은 수많은 재능 중 하나일 뿐입니다. 공부를 잘하려면 주로 필요한 지능이 바로 논리수학지능 언어지능입니다. 그런데 어떤 엄마들은 자식이 논리수학과 언어지능이 없다고 속상해 하십니다. 전혀 그럴 필요가 없는데도 말이죠.

8가지 다중지능 외에 최근에 주목받는 지능이 있습니다. 바로 제 9의 지능입니다. 하워드 가드너가 자연친화지능을 8번째 다중지능으로 추가한 이후 새로운 지능의 가능성을 제기한 것이 바로 9번째 지능 '영성지능'입니다. KBS 다큐멘터리 〈세상을 바꾸는 9번째 지능〉을 살펴보면 영성지능(실존지능)은 인간의 존재론적 의미, 인생의 가치, 삶과 죽음 등 우주적이고 실존적인 사안에 대해 생각하며 인간 존재의 이유나 참 행복의 의미, 삶의 근원적인 가치를 추구하는 능력으로 정의됩니다. 한 마디로 '무엇을 위해 살 것인지 삶의 근본적인 의미'를 추구하는 지능으로서 인공지능과 기계가 감히 따라올 수 없는 인간만이 가지고 누릴 수 있는 고귀한 지능인 것이죠. 한편으로는 이 지능이 높은 사람은 다른 사람을 이해, 공감하는 능력, 사회정의를 추구하는 능력도 높습니다. 이 제9의 지능은 가드너가 제시한 8개의 지능이 잘 개발되도록 돕는 역할을 한다고도 합니다.

그런데 제9의 지능인 영성지능과 가장 비슷해 헷갈리는 지능이 있습니다. 바로 '자기이해 지능'입니다. 이 둘은 어떤 차이가 있을까요? 영성지능은 '나'보다 '우리'를 향하는 가치입니다. '내 이웃을 내 몸과 같이 사랑하라'는 황금률이 지능으로 표현되는 것입니다. 제9의 지능은 나눔보다 더 확장된 '공존(함께 살아감)의 철학과 가치'를 실현하는 것에 의미가 있습니다.

전문가들은 말합니다. 앞으로 이 9번째 지능을 계발하지 않는다면 우리 아이들이 살아갈 미래는 어두울 수밖에 없다고 말입니다. 갈수록 커지는 빈부격차, 높은 자살률, 상대적 박탈감, 전쟁과 환경파괴, 각종 인권유린과 인종청소 등 반인류적인 범죄와 문제의 해결이 인간의 제9의 지능을 통해 극복되어질 수 있다고. 결국 미래엔 이타주의자가 성공하고 승리한다고 말합니다. 우리 아이를 미래 인재로 만드는 방법! 바로 제9의 지능을 갖춘 행복한 이타주의자로 만드는 것이 가장 정직한 지름길입니다.

큰 꿈을 꾸게 하는 공동체 의식

헬조선! 대한민국 청소년과 대학생은 한국을 지옥과 같은 나라라며 '헬hell조선'이라 부릅니다. 자신이 살고 있는 삶의 터전을 자기 입으로 욕하는 국민이 어디 있을까요? 우리의 미래인 10대, 20대들이 이런 말을 입에 달고 산다는 것은 큰 비극입니다. 우리 아이들에게서 나타나는 가장 가슴 아픈 현상은 점점 스스로가 우리 사회에 대해 희망을 잃고 자포자기한다는 것입니다. 희망을 잃는 순간 부정적인 것은 도미노처럼 무너집니다.

세월호 사건, 가습기 살균제 사건, 최순실 국정 농단 사건, 박근혜 전 대통령의 탄핵 사건을 겪으면서 우리는 책임감, 정의감, 용기, 배려, 리더십 등의 덕목은 그저 '있으면 좋은 것'이 아닌 '없으면 안 되는 것'이라는 사회적 공감대를 형성하게 되었습니다. 인성과 시민의식을 갖추지 못한 사회 구성원으로 인해 크나큰 비극이 초 래될 수 있으며, 누구나 그 비극의 희생자가 될 수 있다는 것을 몸 소 느꼈기 때문입니다. 이제 앞으로는 정말 인성 교육에 실패하면 모두의 생존을 위협할 수 있는 '괴물'이 나옵니다. 아동학대 사건과 사회 고위층이 약자를 무시하는 소위 '갑질 사건' 등 인간으로서 도 리를 지키지 않는 사람들로 인해 발생한 문제는, 인간이 갖추어야 할 품성에 대한 관심과 노력이 학교만이 아니라 우리 사회 전체에 확대되어야 함을 뼈저리게 느끼게 합니다. 대한민국은 분명히 위 기 상황에 처해 있으며, 이러한 어려움은 우리 사회 구성원 모두가 자신의 위치에서 '온전한 인성의 사람'이 되지 않으면 결코 해결할 수 없습니다. 이제는 사회적 변화의 책임을 학교에만 강요하는 것 은 무의미하며, 가정과 사회가 함께 나서야 합니다.

이제 공동체 정신은 액세서리가 아니고 필수입니다. 내 가족, 내 자식만의 성공과 행복이 전부가 아님을 깨달아야 합니다. 내 가족, 내 자신만의 행복만을 위한 어른들의 이기적인 사고와 언행을 아 이들은 그대로 흡수합니다. 그렇다면 공존과 행복은 어떤 연관이 있을까요?『아이슬란드에서는 행복을 묻지 않는다』라는 책은 경 향신문 취재팀이 행복지수가 높은 국가들을 방문해 행복의 조건에 대하여 연구한 책입니다. 이 책에 이런 말이 나옵니다.

"행복은 사회적인 것이어야 했다. 나만 배부른 것이 아니라 공동체의 누구도 굶는 일이 없어야 하고 나의 여가를 위해 희생당하는 누군가가 있어서는 안 된다. 행복에 대한 고민은 어느새 공동체에 대한 고민이 돼 있었다."

확실히 한 사회가 선진국이 될수록 삶의 질과 행복에 실질적으로 노력을 기울이는데 그때 빠지지 않는 게 '공동체 정신의 회복'입니다. 제9의 지능인 공존지능과 공동체 정신을 키우는 법은 어렵지 않습니다. 공동체 안에서 나만이 아닌 다른 사람의 감정과 행복에 대하여 공감하고 경쟁보다는 어떻게 하면 서로 상생win-win 할 수 있을까를 실질적으로 고민하는 것입니다. 이런 고민을 가정에서부터 구체적으로 할 때 비로소 우리 아이의 공존지능과 행복지수도 동시에 높아집니다.

결국, 이타주의자가
왕관을 쓴다

멘쉬와 기부 문화

조선시대 유교중심적인 사회를 거치고 근대 산업화 시대를 거치면서 우리나라에서 리더란 뭔가 '완장'을 차는 것, '군림하고 지시하고 많은 것을 누리는 자리'로만 생각합니다. 그러나 자녀교육에 많은 노력을 쏟아붓는 유대인 부모들이 자녀가 진정으로 도달하기를 바라는 리더상은 따로 있습니다. 바로 멘쉬mensch입니다. 유대인 힐마골린이 쓴 자녀교육서 『공부하는 유대인』을 살펴보면 멘쉬에 대하여 자세히 나옵니다. 멘쉬는 주위로부터 완전한 신뢰를 받는 사람입니다. 멘쉬는 성공, 부, 명예와는 전혀 상관이 없습니다. 유대인은 큰 기업의 회장이든 의사이든 대통령이든 세상에서 가장 부유한 사람이든 지위에 상관없이 어느 누구라도 완전히 바보일 수 있다고도 봅니다. 하지만 훌륭한 인성을 가지고 다른 사람을 최고의 존경심으로 존중하고 옳은 일을 목적 그 자체로 두고 행하는 진실된 사람이라면 누구든지 멘쉬가 될 수 있다고 여깁니다. 멘쉬는 사람들과의 관계에서 정직하고 윤리적인 것은 기본이고 자신보다 어려운 사람을 도와줌으로써 행복을 느끼고 좀 더 나은 관점에서 자신을 돌아볼 수 있는 인간, 쉬운 길을 버리고 어려운 길을 택하더라도 옳은 일을 하는 인간, 자신이 갖고 있는 지식, 돈, 시간 등을 사회에 환원함으로써 다른 사람과 세상을 이롭게 하는 사람을 뜻합니다. 유대인은 신이 부여해 주신 이 세상을 이롭게 회복시키는 것이 그들의 의무라고 생각하고 친절한 행동을 실천합니다. 선한 일을 하는 것은 자랑할 만한 것도 아니고 인간이라면 당연히 해야 하는 것으로 여깁니다. 그래서 선을 행할 때 겸손합니다. 이러한 멘쉬 인간상을 가진 유대인들 세계에서 사람에 대한 나쁜 욕이 있다면 그건 바로 "그(그녀)는 멘쉬가 아니야"입니다. 그 정도로 멘쉬는 유대인 부모가 자녀에게 물려주고 싶은 최고의 인간상입니다.

이처럼 유대인이 '멘쉬'를 추구하게 된 것은 그들의 자선과 기부 문화 때문입니다. 유대인은 '쩨다카Tzedaka'라고 부르는 자선, 기부 문화를 실천하고 있습니다. 이 말은 '정의'라는 뜻입니다. 유대인은 자선은 높고 여유 있는 사람이 낮고 부족한 사람에게 베푸는 것이 아니라 더불어 살아가기 위해서 반드시 해야 하는 '정의' 그 자체로 보는 것입니다.

안식일인 금요일 해지기 전, 유대인은 모두 시장을 봐서 그다음 날 먹을 음식까지 준비합니다. 왜냐면 안식일이 시작되면 유대인은 절대 어떠한 노동도 하지 못하기 때문입니다. 실제로 이스라엘을 여행할 때 안식일이 시작되자 서울 명동 같던 번화한 거리가 일제히 문을 닫고 조용한 것을 보고 놀랐습니다. 우리에게는 '불금'이기에 더 대조되었습니다. 그토록 안식일은 유대인의 전부입니다. 안식일 시작 전 예루살렘 시장에 가면 유대인 상인들은 팔던 물건의 일정량을 내놓습니다. 그러면 가난한 사람들이 그것을 가져갑니다. 시장의 상인들이 내놓는 것은 싱싱하지 않은 질이 떨어진 제품들이 아닌 방금까지 팔던 멀쩡한 것입니다. 이때 가져가는 사람은 민망해하거나 감사하다는 인사를 크게 하지 않고 주인도 준다고 별다른 생색을 내지 않습니다. 그냥 이들의 자연스러운 삶의 문화이기 때문입니다. 유대인은 또 형편이 어려운 가정의 아이들의 성인식과 결혼식은 공동체에서 부담합니다. 이 또한 당연하게 여깁니다. 역사적으로 유대인은 오랜 시간 위험에 노출되어 있었고 참 힘든 삶을 살았습니다. 그래서 인간이라면 누구든 인생을 살다 보면 어려움에 처할 수 있다고 여깁니다. 그렇기 때문에 인간은 서로 도움을 주고받아야 하고, 서로 돕는 것만이 최선이고 최고의 효율과 안정을 준다는 것을 뼛속 깊이 실감하는 것입니다. 이것이 이들의 고유한 문화이자 정신이 된 것입니다.

오늘날 유대인은 전 세계에서 기부를 가장 많이 하는 민족으로 정평이 나 있습니다. 석유왕 록펠러, 최고의 금융전문가 조지 소로스, 빌 게이츠, 워런 버핏 등 유대인 거부들은 기부를 많이 합니다.

이들에게 기부는 특권이 아니고 생활이기 때문입니다. 이러한 생활정신이야말로 우리가 키워 줘야 할 글로벌 리더의 자질입니다.

아이에게 필요한 리더십 교육은?

진짜 리더가 된다는 것은 희생과 헌신 그리고 섬김을 요구합니다. 부담감이 있는 자리인 것이죠. 진짜 우두머리의 삶, 리더의 삶이 어떤 것인지 안다면 그릇도 안 되는 아이에게 무조건 리더가 되라고 함부로 말하지 못할 것입니다. 먼저 아이의 그릇을 만들어 주는 지혜로운 과정을 거칠 것입니다. 과거엔 장군처럼 지시하는 리더가 있었는지 몰라도 지금은 수평적 네트워크 시대입니다. 그래서 일방적으로 명령하고 지시하고 기득권만 누리는 독불장군 같은 사람은 리더가 될 수도 없을뿐더러 이런 사람이 리더의 자리에 오르면 오히려 조롱거리가 됩니다.

미래 사회에서 필요한 리더십은 어떤 것일까요? 첫 번째는 위에서 언급한 유대인 '멘쉬'처럼 윤리적이고 건강한 인간이 먼저 되는 것입니다. 두 번째는 통찰력과 미래예측 능력을 겸비한 전략가로서의 능력입니다. 세 번째는 여러 사람의 아이디어를 이해하고, 전달하고, 융합하는 능력입니다. 초연결 사회에서 지식과 정보는 오픈되어 있다 못해 널려 있어 어디서든지 쉽게 구할 수 있습니다. 의대를 다니지 않아도 의학 논문을 검색해서 스스로 췌장암 진단 키트를 만들 수도 있는 시대에 우리는 살고 있습니다. 반대로 혼자서만 독식하려고 홀로 고립되어 운영하면 경쟁력이 없습니다. ICT와 스타트업 하면 떠오르는 지역인 실리콘밸리의 사믹사samixa의 회장 디팩 방갈로르는 "실리콘밸리의 핵심은 사회적 네트워크다. 서로가 무엇을 연구하는지 다 알고 있다. 지식 공유와 스피드, 글로벌화는 기업 생존의 필수요소다"라고 말했습니다. 이렇게 지식이 오픈되어 있는 이상 이제 사회는 이 지식을 잘 감당할 수 있고 잘 다루는 리더를 필요로 하게 됩니다. 다양한 사람이 가져온 지식과 데이터를 공동의 목적을 위해 잘 융합하려면 결국은 네트워크를 잘 유지해야 합니다. 그래서 집단지성과 사회적 네트워크를 잘 이끄는 것이 미래 사회에서 요구하는 리더십입니다.

우리나라는 리더십도 입시에 도움이 된다고 리더십 교육을 교과목처럼 만들어 리더십을 배웁니다. 또 저명인사를 모셔와 강연을 합니다. 물론 일회적인 강연도 리더십에 대한 생각을 넓혀 줍니다. 하지만 좋은 이야기를 듣기만 한 것이지 실제로 리더십이 개발되지는 않습니다. 리더십은 삶에서 배우고 삶으로 축적되는 훈련이기 때문입니다. 역사 속 위인들을 봐도 그렇고 현재 리더십이 있는 인물들을 봐도 그렇습니다. 진정한 리더십 교육은 아이들이 리더십을 발휘할 수 있는 기회를 만들어 주는 것이어야 합니다. 리더십은 이론이 아니라 실천이며 강의가 아니라 현장에서 이뤄집니다. 그래서 '자기주도적 활동'이 중요합니다. 이러한 활동은 동아리 활동, 봉사활동, 조별과제, 개인의 취미까지 모두 포함됩니다. 가정에서는 집에서 자기가 먹은 밥그릇 하나라도 옮기고 자기 방을 정리하는 것 그리고 동생을 돌보는 것부터 시작이겠죠. 그래서 학교와 여러 모임 안에서 사람끼리 서로 부대끼는 것에서 출발해야 합니다. 리더십은 두 명 이상만 모이면 나타납니다. 두 명이서 짝지어 손잡고 대화하는 순간부터 리더십이 키워집니다.

입시 성공을 위해서, 리더십 어필을 위해 무조건 회장이나 반장이 되어야 한다고 생각하는 학생과 학부모가 많은데 그렇지 않습니다. 리더십은 동아리, 조별과제, 봉사 등 어떤 활동에서든 발휘되고 키울 수 있습니다. 그러니 자녀의 성향에 맞는 활동을 선택해 리더십을 키우는 것이 좋습니다. 이때 중요한 점은 학생부와 자기소개서에 자신의 역할과 노력과 '성장'이 꼭 들어가야 한다는 것입니다. 그리고 어떤 활동이든 꼭 리더십을 어필하고 싶으면 작은 것이라도 그 단체에 '변화'가 나타난 것을 보여 주는 것이 중요합니다. 이 부분이 드러나면 리더십 부분에서 좋은 평가를 받을 수 있을 것입니다.

배려 능력을 키워 주라

이영숙 교육학 박사는 『이제는 성품입니다』라는 책에서 배려를 이렇게 정의합니다.

배려란 나와 다른 사람 그리고 환경에 대하여 사랑과 관심을 갖고 관찰하여 보살펴 주는 것입니다. 내 생각대로 다른 사람을 잘 대해 주는 것이 아니라 상대방의 필요와 요구에 따라 잘 보살펴 주는 것이 바로 진정한 배려인 것입니다. 그러므로 배려를 잘하기 위해서는 다른 사람을 사랑하는 마음과 관심이 선행되어야 합니다.

이영숙 박사는 자녀에게 배려하는 성품을 어린 시절부터 키워 주면 다음과 같은 유익이 있다고 합니다. 첫째, 관찰력이 좋아집니다. 상대방의 처지와 상황이 어떠한지, 필요한 것이 무엇인지 살펴보면서 다른 사람뿐만 아니라 주변 환경에 대한 세심한 관찰력을 얻게 됩니다. 탁월한 관찰력을 갖고 깊이 있게 사물과 환경을 보면 통찰력이 생기면서 궁극적으로는 창의적인 사람이 됩니다. 둘째, 자신감이 생깁니다. 사소하지만 나만 아는 것이 아닌 다른 사람을 도울 수 있다는 자신감은 자녀의 '자기효능감(나는 어떤 상황에서든지 결국 해낸다는 마음가짐)'을 강화시켜 줍니다. 다른 사람을 배려함으로써 내가 가지고 있는 좋은 점을 알게 되고 또한 그런 자신을 스스로가 사랑하게 되면서 마음속에서부터 '난 무엇이든지 할 수 있다'는 자신감을 얻을 수 있습니다. 내가 어떻게 해야 할지 모르는 환경에 있을 때 사람은 불안합니다. 그러나 어린 시절부터 배려를 연습하는 아이는 어떤 곳에서든지 자신이 어떻게, 무엇을 해야 하는지 관찰함으로써 자신의 행동을 자신 있게 선택할 수 있습니다.

이것은 곧 자기주도력과 연관이 있습니다. 이런 훈련은 궁극적으로 아이를 리더로 성장하게 합니다. 리더의 가장 중요한 덕목은 남을 배려하는 것입니다. 자기를 위해 존재하는 것이 아니고 남을 위해 존재하는 것이 리더이기 때문입니다. 셋째, 좋은 친구가 많이 생깁니다. 다른 사람을 먼저 배려해 준다면 자신이 손해 볼 것 같지만 절대로 그렇지 않습니다. 배려하는 사람 곁에는 자연스럽게 많은 사람들이 모이게 되며, 그는 모두에게 만족감을 주면서 좋은 일에 함께 동참하게 하면서 자신의 영향력을 확장시켜 가므로 이는 결국 본인에게 유익한 것입니다.

문제 해결 능력의 시작, 공감 능력

미래 일터에서 아이들은 평생 처음 보는 일을 처리하고 낯선 문제를 해결해야 합니다. 완전히 새로운 시각이 요구됩니다. 디자인적 사고 능력Design Thinking은 이때 유용한 '생각 과정'입니다. 디자인적 사고는 제품(서비스)을 기획하고 만들어 낼 때만 필요한 능력이 아닙니다. 로저 마틴이 주창한 디자인적 사고 능력은 인간을 관찰하고 공감하여 이해한 뒤 다양한 대안을 찾는 확산적 사고와 주어진 상황에서 최선의 방법을 찾는 수렴적 사고의 방법을 통하여 혁신적 결과를 내는 창의적 문제 해결 방법입니다. 이는 어느 누구나 훈련을 통해 습득할 수 있는 능력입니다.

1단계 공감하기 → 2단계 문제 정하기 → 3단계 해결 방법 찾기 →

4단계 가볍게 만들어 보기 → 5단계 실험하기

디자인적 사고 능력은 크게 현재 상태의 문제를 진단하고 더 나은 상태로 변화시키는 것이 핵심입니다. 그런데 가장 중요한 1단계가 바로 '공감 능력'입니다. 지구상의 모든 혁신적인 발명품의 출발이 이 '공감 능력'에서 시작됩니다. 타인의 아픔과 불편함에 공감할 때 빛나는 순간이 다가옵니다.

'사람들이 어떤 것으로 인해 부족함과 불편함을 느껴 그것을 도와주고 싶다.'

이 마음이 모든 문제 해결의 시작인 것입니다. 이들은 타인의 불편함에 '공감'했고 그 필요를 채워 주고 만족시켜 주고자 제품(서비스)을 고생해서 만들어 냈고, 사람들은 그 제품(서비스)으로 인해 필요를 채우고 만족을 느끼기에 돈을 지불하고 구입하는 것입니다. '췌장암 조기 진단 시트를 세계 최초로 개발한 잭 안드라카'와 '응급처치용품 자판기를 개발한 테일러 로젠탈'도 주변 사람들에게 관심을 가지고 관찰하고 사람들의 필요를 채워 주고 싶은 공감 능력으로부터 이런 창의적인 열매를 맺은 것입니다. 이들뿐만 아니라 인류 역사를 통틀어 보면, 세상을 바꾸고 성공한 모든 혁신적인 결과물들이 그 시작은 '세상과 사람을 불쌍히 여기는 공감 능력'으로부터 나온 것입니다. 기술의 발달로 많은 것이 정보화되는 시기에 인공지능이 대체하지 못하는 것이 이 공감 능력입니다. 공감을 하면 공감을 하지 않을 때 보이지 않았던 문제점이 보이기 시작합니다. 자기 자신만이 아니라 세상과 사람들로 시선이 향하면 아이디어가 떠오릅니다. 결국 그래서 세상은 타인의 필요를 채워 주는 이타주의자가 성공합니다. 그리고 이 공감 능력은 기계나 로봇은 영원히 따라잡을 수 없는 최고의 고귀한 능력입니다. 이 공감 능력을 자녀에게 키워 줄 때 자녀는 미래에 최고의 스펙을 갖춘 인재가 될 것입니다.

공감 능력을 키워 주는 방법

혼밥 시대, 은둔형 외톨이 시대 등 혼자 있는 것이 당연해진 시대입니다. 하지만 사람들은 여전히 소통을 갈망합니다. 사람들은 소통을 위한 도구를 끊임없이 개발해 왔고 이러한 기술은 페이스북, 인스타그램 등 소셜미디어를 만들어 냈습니다. 전철을 타면 모든 사람들이 스마트폰을 보고 있습니다. 친구들을 오랜만에 만나도 카페에서 각자의 스마트폰만을 들여다봅니다. 사이버 세계는 물리적 한계를 극복하게 해 주고 다양한 영역에서 폭넓은 관계를 맺을 수 있게 해 줍니다. 하지만 이럴 때일수록 서로 얼굴과 얼굴을 맞대고 나누는 전인격적인 교류가 더 필요해지고 희소 가치가 높아질 수 있습니다. 저부터도 아무리 비즈니스 관계로 만나더라도 저의 마음을 편하게 해 주는 사람에게 끌리니까요.

공감 능력을 키우는 첫 단계는 먼저 '감정'을 읽는 것입니다. 남의 감정을 읽기 전에 본인 스스로가 먼저 자신의 감정을 공감할 수 있어야 합니다. 그래야 상대방의 감정을 읽을 수 있는 공감 능력이 생기기 때문입니다. 현대인들에겐 '메타무드'가 부족하다고 합니다. '메타무드'란 행동하기 전에 한걸음 떨어져서 현재 자신이 어떤 감정을 느끼고 있는지 인식하는 능력을 말합니다. 메타무드가 부족해 자신이 느끼는 것이 무엇인지, 상대가 느끼는 것이 무엇인지를 몰라 관계에 문제가 생기는 경우가 많습니다. 감정 코칭 전문가인 최성애 박사는 자기 안에 있는 무의식적인 감정을 '초감정'이라고 말합니다. 먼저 아이 스스로가 자신의 초감정을 잘 읽어낼 수 있도록 감정을 숨기게 하지 말라고 합니다. 덴마크의 아이들은 정규 수업 시간에 '공감 수업'을 받는다고 합니다. 여러 가지 감정이 그려진 감정카드를 활용해 감정에 이름을 붙이기도 하고 친구들과 서로의 감정과 고민을 나누며 소통의 시간을 갖는 것입니다.

저도 예전에 '공감 밴드'를 사용한 적이 있습니다. '공감 밴드'에는 앞면에 느낌을 묻는 말(지금 너의 기분은 어때?)과 뒷면에는 느낌을 표현할 수 있는 21개의 말(부정적인 감정 표현말 : '지루해, 걱정해, 부끄러워, 무서워, 긴장돼, 불편해, 괴로워, 답답해, 슬퍼, 섭섭해, 외로워,

피곤해, 귀찮아'와 긍정적인 감정 표현말 : '감동돼, 고마워, 즐거워, 뿌듯해, 홀가분해, 재밌어, 편안해, 기대돼')이 새겨져 있습니다.

공감 밴드로 맺어진 공감 친구는 서로 욕설이나 비난의 언어로 말하지 않고 공감의 언어로만 말할 것을 약속하며, 공감 밴드를 오른쪽 손목에 채워 주며 약속을 하게 됩니다. 만약 친구에게 비난과 욕설을 할 경우 왼쪽 손목으로 밴드를 바꿔 착용하며, 하루 동안 밴드를 바꿔 착용하지 않으면 그 날의 미션에 성공하게 되면서 바른 말, 고운 말을 실천하게 되는 것입니다.

관찰 : 있는 그대로 관찰하기

　　내가 ＿＿＿＿＿＿ 을 보았을(들었을) 때,

느낌 : 그 상황에서 자신의 느낌 알아차리기

　　나는 ＿＿＿＿＿＿ 느꼈어.

욕구 : 그 느낌 뒤에 있는 욕구 찾기

　　왜냐하면, 나는 ＿＿＿＿＿＿ 이 필요/중요/원하기 때문에

부탁 : 구체적, 긍정적, 의문형

　　연결 부탁 : 이 말을 들었을 때 어떻게 생각하니?

　　행동 부탁 :＿＿＿＿＿＿ 을 해 줄 수 있겠니?

이처럼 감정을 다스리는 것도 훈련이고 공감 능력 또한 자라면서 배우고 훈련하는 것입니다. 그런데 사실 아이의 감정을 다루는

법이나 소통하는 법에 가장 큰 영향을 끼치는 것은 부모입니다. 아이들은 부모의 행동은 물론 부모의 말, 관계를 맺는 방식, 감정 표현까지 그대로 흡수합니다. 부모가 자기 자신과의 소통, 이웃과의 소통에 건강한 모습을 보이지 않거나 이 부분을 자녀에게 잘 가르치지 못한다면 우리 아이들은 미래에 더욱더 디지털 기기 속에만 파묻혀 관계 맺기에 어려움을 겪을 것입니다.

● 미래 인재의 조건은 지식과 실력도 중요하지만 결국 함께 일하고 싶은 '훌륭한 인성'을 갖춘 사람으로 귀결된다. 기업과 대학들은 단순히 지적 능력만 뛰어난 학생이 아니라 리더십, 봉사정신, 책임감 등의 인성 영역까지 종합적으로 평가하는 추세로 속속 전환하고 있다. 해외 명문 대학의 입시 기준 역시 '공동체에 선한 영향력을 미치고자 하는 잠재력을 지녔는가'를 주요 선발 기준으로 삼고 있다. 즉 공동체 전체의 행복을 고민하는 공존지능은 미래 사회 인재가 갖춰야 할 또 하나의 중요 역량이다.

● 멘쉬mensch는 유대인 부모들이 자녀가 진정으로 도달하기 바라는 리더상이다. 힐 마골린에 따르면 멘쉬는 '주위로부터 완전한 신뢰를 받는 사람'을 말한다. 그가 지닌 부나 지위와는 아무런 상관이 없이 훌륭한 인성으로 다른 사람을 최고의 존경심으로 대하고 옳은 일을 목적 그 자체로 행하는 진실된 사람이라면 누구든지 멘쉬가 될 수 있다.

● 이영숙 교육학 박사에 따르면 배려란 '나와 다른 사람 그리고 환경에 대하여 사랑과 관심을 갖고 관찰하여 보살펴 주는 것'이다. 특히 '내 생각대로 다른 사람을 잘 대해 주는 것이 아니라 상대방의 필요와 요구에 따라 잘 보살펴 주는 것'이 바로 진정한 배려라고 한다. 배려하는 아이는 관찰력과 리더십이 자연스럽게 길러지고 그의 곁에는 많은 친구들이 모이게 마련이다. 우리 아이가 밖에서 배려받기만을 바랄 게 아니라 공감하고 배려하는

아이로 길러야 하는 이유다.

● 아이가 감정을 다루는 법이나 다른 사람과 소통하는 법에 가장 큰 영향을 끼치는 것은 부모다. 아이들은 부모의 행동은 물론 부모의 말, 이웃과 관계를 맺는 방식, 감정 표현까지 모두 그대로 흡수한다. 부모가 먼저 자기 자신과의 소통, 이웃과의 소통에서 건강한 모습을 보여야 한다.

8장

하브루타
Chavruta

소통은 집단지성의 엔진이다

하브루타 Chavruta
소통은 집단지성의 엔진이다

1

문제 해결은
절대 혼자서 불가능하다

개미가 모이면 개미군단이 된다

이제는 평범한 사람들의 생각이 연합해 엄청난 영향력을 발휘하는 시대입니다. 정치, 경제, 사회문화 곳곳에서 이러한 현상이 나오고 있습니다. 인터넷과 소셜네트워크서비스는 다윗과 같은 소수가 골리앗을 물리칠 수 있는 정보와 의견을 얻는 무기가 되었습니다. 혼자서는 소리를 내지 못하거나 소리를 내어도 금방 묻히는 개미이지만 연대하면 군단이 되어 막강한 권력도 무너뜨릴 수 있게 된 것입니다.

집단지성은 정치, 경제 등 다양한 분야에서 그 중요성을 인정받고 있습니다. NASA는 우주인의 배변 문제 해결을 위해 '우주 똥 챌린지Space Poop Challenge'라는 공모전을 열었습니다. 상금은 무려 3만 달러(한화 약 3,500만 원)입니다. 우주비행사들은 우주선이 궤도에 도착한 후 우주선 내 화장실에서 용변을 해결하는 것으로 알려져 있는데요. 국제우주정거장 안에도 특수 화장실이 있고 화장실을 사용하는 대신 기저귀를 착용해야 할 때도 있습니다. 바로 지구에서 발사된 후 궤도에 진입하기 전과 지구로 귀환해 착륙하기 전, 그리고 우주를 유영할 때입니다. 문제는 우주인이 달이나 화성에 가게 될 때입니다. 이때는 기저귀만으로는 볼 일을 해결할 수 없게 되고, 배설물을 잘못 처리하면 감염의 위험이 발생하기 때문입니다. 이 문제는 천재적인 과학자들도 대책이 안 서는 문제인가 봅니다. 그래서 이 문제를 해결하기 위해 NASA는 지구인의 집단지성을 활용하기로 한 것이죠. 저도 학습코칭 시간에 학생들에게 한번 물어봤습니다. 아이들이 재미있는 아이디어를 내서 함께 웃었습니다. 그러면서 자연스럽게 '우리 아이들은 이제 우주에서까지 살아남을 수 있는 문제 해결력을 갖춰야 하는구나'를 느꼈습니다. 영화 〈그래비티〉와 〈마션〉 〈인터스텔라〉를 보면서 이 거대하고 광활한 우주에서 나 혼자 살아남아야 한다면? 하고 상상하니 두렵기도 했습니다. 혹독하고 변화무쌍한 환경에서 살아갈 미래 세대는 스스로 문제를 정의하고 풀어 나가기 위해 수학, 과학, 소프트웨어, 인문학 등의 융합 능력과 집단지성을 활용하는 협업 능력을 키워야 합니다.

미래 사회가 과거와 다른 점이 있다면, 한 천재적 개인에 의존하는 것이 아니라, 다양한 구성원들 간의 집단지성을 만들어 낼 수 있는 협력적 미덕을 중시하는 인성을 필요로 한다는 것입니다. 앞으로 인류의 삶을 좌우할 문제들은 한 개인이나 국가가 해결할 수 없는 것이 대부분입니다. 혼자 골방에서 고민한다고 해결할 수 있는 수준의 문제 해결력을 넘어서기 때문입니다. 이러한 협업을 위해서 소통 능력이 더욱 중요해집니다. 그리고 미래 사회는 네트워크가 더욱더 중요합니다. 하지만 좋은 네트워크는 기계나 컴퓨터가 만들어 줄 수 없는 것입니다. 좋은 네트워크는 훌륭한 인성과 커뮤니케이션 능력을 갖춘 사람에 의해 만들어집니다.

협업 능력은 미래 인재의 핵심 역량

1953년 인류 역사에 한 획을 그은 발견이 있었습니다. 제임스 왓슨과 프랜시스 크릭은 최초로 DNA의 이중 나선 구조와 기능을 밝혔습니다. 유전적 요인의 본질이 바로 DNA라는 사실을 밝혀냄으로써 마침내 인간 생명의 비밀이 풀린 것입니다. 이후 DNA는 생물학과 유전학의 핵심이 되었고 생명 유전학이 더욱 발전하는 계기를 마련했습니다. 그런데 흥미로운 것은 왓슨은 동물학자이고 크릭은 물리학자라는 점입니다. 두 사람은 생물과 유전에 관련한 전공자도 아니고 전공 분야도 서로 달랐지만 함께 연구해서 마침내 과학사에서 빛나는 업적을 남겼습니다. 먼 훗날, 프랜시스 크릭은 자신이 혼자서 연구했다면 이중 나선 구조를 밝히지 못했을 것이라고 회고했습니다.

이제는 한 분야 안에서만 교류하는 것이 아니라 분야가 다른 전문가들이 협업해야 성공을 합니다. 예를 들어 구글은 스마트카 제작을 위해 스마트카 플랫폼인 '안드로이드 오토'를 만드는 과정에서 벤츠, 아우디, 현대, GM 등 세계 35개 자동차 회사와 협력하고 있습니다. 지금 여러 회사에서 천문학적 금액을 지원받아 우주·해양탐사 등에 나서는 엑스프라이즈X-Prize 재단만 봐도 로봇공학자, 물리학자, 식물학자, 토양학자 등 수많은 사람이 협력해 연구를 이끌고 있습니다.

마이크로소프트, 애플, 페이스북, 구글 등 현재 세계를 선도하는 IT기업이 모두 미국에서 나왔는데 왜 그럴까요? 미국이 현재 문명을 리드하는 이유는 개인의 창의성과 공로를 존중하는 문화와 함께 그 혁신적인 아이디어를 전방위로 공유하여 더 좋은 기술로 승화시키기 때문입니다. 이런 사회적인 시스템이 구축될 수 있도록 우리 사회 또한 많은 변화가 필요합니다.

협업의 달콤함을 맛보게 하라

이제 앞으로의 시험과 평가는 어떤 지식을 활용해 무엇을 만들 것인가를 친구들과 협업하고 실제로 제작하는 프로젝트 형태로 대체될 것입니다. 그래서 이제는 아이들에게 옆 친구를 경쟁자로 여기는 '입시 중심 교육'을 시킬 게 아니라, 옆 친구와 협업할 수 있는 능력을 가르치는 게 더 효율적입니다. 이러한 가치가 더욱 중요하게 여겨져서 학교에서는 점점 프로젝트 수업, 거꾸로 교실, 문제기반학습을 시도하고 있습니다. 이들의 공통점은 모두 주입식이 아니고 토론하고 소통하고 함께 협업하는 수업이라는 것입니다.

그런데 우리나라는 수행평가 시간이 학부모에게 굉장한 스트레스입니다. 일단 지필평가 대신 수행평가가 왜 더 많은 비율을 차지하는 건지 도무지 이해가 가지 않습니다. 대부분의 부모들은 엉덩이 붙이고 오랫동안 성실히 공부한 것만이 실력이라고 생각하기 때문입니다. 그리고 우리 아이가 왜 다른 아이보다 수행평가 점수가 낮은지 이해하지 못하고 못마땅해합니다. 자녀가 점수가 낮으면 왠지 공정성까지 의심합니다. 그래서 학교 선생님께 연락을 하기도 합니다. 우리 아이가 왜 점수가 낮은 것이냐고. 내 자식이 선생님에게 미운 털 박힌 것은 아닌지 걱정이 되어서겠죠.

"학교는 믿을 수 없다. 아이들마다 수준이 다른데 진행이 되겠느냐? 우리 아이만 죽어라 준비해 가서 발표하면 그 점수를 모둠 아이들과 나누어 갖는다. 이게 뭐가 공평한 것이냐."

이런 불만을 쏟아 내는 경우도 많습니다. 토론식 수업에 잘 적응한 학생은 향후 동아리 활동이나 진로 활동에서도 주도력을 발휘하며 성과를 낼 수 있는 자질을 배워 나가게 됩니다. 또한 토론식 수업을 준비하기 위해 학생들은 모둠별로 움직일 때가 많습니다. 이런 협력 학습을 하면서 아이들은 '대인관계 능력' 또한 자연스럽게 향상시켜 나갈 수 있습니다. 요즘 자녀가 한 명인 가정이 많기 때문에 대인관계 능력을 가정에서 많이 배우지 못하는 학생들이 많은데 이를 학교에서 배울 수 있는 것입니다.

이러한 협업 학습의 경험은 경쟁적 공부 태도를 지닌 학생들에게는 오히려 성장의 기회가 됩니다. '내가 최고'가 되기 위해 공부하기보다 '함께 최고'가 되기 위해 친구들과 이야기를 나누고 계획을 짜고 활동하면서 아이들은 사회생활에서 가장 중요하다는 '협업 능력'을 배우게 되는 것입니다. 기계가 아무리 수만 번 업그레이드를 해도 가질 수 없는 능력이 있습니다. 바로 소통하는 사회적 지능입니다. 사람들과 어울리면서 상대방의 정서와 감정을 느낄 수 있는 능력. 또 사람들과 어울리면서 상대방이 나에게 원하는 게 무엇인지, 나는 그들에게 바라는 것이 무엇인지 '그냥' 알아지는 직관적인 이해력은 교과서와 문제집에서는 배울 수 없는 것입니다. 그런데도 많은 부모들은 이런 말을 합니다.

"조별 과제인가 뭔가 때문에 아이들이 이 집 저 집 몰려다니기나

하고, 뭘 준비하는지 학원까지 빼먹고, 이런 게 시험에 뭐가 도움이 된다고 열심히 하는지 모르겠어요."

주입식 수업과 독서실에서 엉덩이만 붙이고 하는 것만이 공부이고 다양한 활동은 공부가 아니라는 학부모의 생각이 깨지지 않는한 우리나라 교육은 멈춰 있을 것입니다. 자녀가 친구들과 함께 공부하고 함께 토론하는 협력 학습에 잘 적응할 수 있도록 돕는 것이 학부모의 중요한 역할이라는 것을 인정하는 분들이 많아질 때, 대한민국 교육은 비로소 더욱 발전할 것입니다.

2

서로의 우주가 격렬하게
맞붙을 때 나오는 에너지

집단지성 시대에 필요한 하브루타 교육

집단지성은 정치, 경제 등 다양한 분야에서 그 중요성을 인정받고 있는데 유대인의 하브루타 교육은 집단지성 시대에 가장 효율적인 교육 방식입니다. 하브루타Chavruta는 짝을 지어 질문하고 대화하고 토론하며 논쟁하는 것입니다. 원래 하브루타는 유대인 전통 교육기관인 예시바에서 둘씩 짝지어 성경이나 탈무드를 놓고 치열하게 토론하고 논쟁하는 것을 말합니다. 하지만 넓게 보면 하브루타 문화는 가정과 사회 곳곳에 내재되어 있습니다.

우리는 유대인보다 IQ도 높고 세계에서 가장 오랫동안 공부하고 노력합니다. 이스라엘보다 인구도 많고 나라도 훨씬 큽니다. 그런데 성과에서는 한참이나 뒤집니다. 그 뒤지는 원인이 바로 '공부 방법의 비효율성' 때문입니다. 우리나라 교육은 어린 시절부터 대학 이후 성인 교육까지 '주입식으로 앉아서 일방적으로 듣고 그것을 암기하고 시험보고 잊어버리고'를 평생 반복합니다. 더 슬픈 건 '어차피 잊어버릴 거 아는데 시험을 치르기 위해 그 순간만 넘기자는 것'을 우리 스스로가 알고도 그냥 넘어간다는 사실입니다. 이런 밑 빠진 독에 물 붓기 같은 공부를 하느라 시간과 돈을 허비하는 게 얼마나 대한민국의 큰 낭비인지 안타깝습니다.

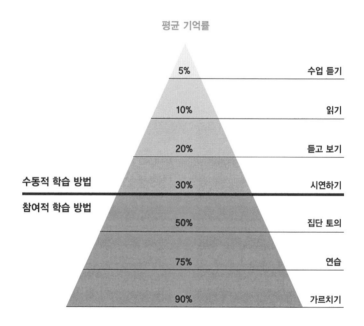

평균 기억률

5%	수업 듣기
10%	읽기
20%	듣고 보기
수동적 학습 방법 / 30%	시연하기
참여적 학습 방법 / 50%	집단 토의
75%	연습
90%	가르치기

미국교육연구소NTL에서 발표한 학습 피라미드는 아주 중요한 사실을 우리에게 깨우쳐 줍니다. 학습 피라미드는 다양한 방법으로 공부하고 24시간 후에 남아 있는 비율을 공부 방법에 따라 나

타낸 것입니다. 교사가 말로만 설명하는 경우, 학생 입장에서는 듣기만 이루어지는데 이때 기억률은 5%에 불과합니다. 교사가 판서나 프리젠테이션 자료를 활용하여 설명하는 경우라도 학생 입장에서는 20% 정도만 기억할 수 있습니다. 즉 교사가 상의식 설명으로만 수업한 경우, 복습하지 않고 1주일 뒤 수업 시간에 확인한다면 학생들 중 배운 내용을 기억할 수 있는 사람은 거의 없다는 말입니다. 그러나 시범이나 현장 견학은 30%, 그룹 토론은 50%, 직접 체험은 75%, 친구 가르치기는 무려 90%의 기억률을 갖고 있습니다. 이처럼 주입식으로 듣고 책상에만 앉아 암기하는 공부는 정말 오래가지 못합니다. 자신만의 관점으로 직접 랩을 만들어 랩퍼처럼 랩도 해 보고, 직접 선생님이 되어 강의하듯 설명도 해 보면서, 몸에 리듬과 박자를 가지고 접근하면 뇌에 산소가 공급되고 공부의 효율성도 높아집니다. 우리 조상들도 서당에서 천자문을 배울 때 '하늘 천, 땅 지, 검을 현, 누를 황'이라고 노래하며 리듬에 맞춰 몸을 좌우로 흔들면서 공부했습니다.

하브루타 원리는 '뇌를 격동시켜 최고의 뇌로 만들어 준다'입니다. 하브루타는 간단해 보이지만 한 주제에 대해 상대방과 서로 의견을 나누다 보면 자신이 알고 있는 것을 논리적으로 표현하기 위해 생각을 많이 해야 합니다. 이때 잘 전달하기 위해서는 생각만 많이 하는 게 중요한 게 아니라 머릿속으로 생각을 구분하고 정리해서 최상의 표현 방식을 찾아야 됩니다. 그리고 상대방이 의견을 이야기할 때는 '이 생각을 이런 논리적 과정에서 펼쳐 갈 수도 있구나' 하고 배울 수도 있습니다. 또 상대방이 '왜?'라고 질문하면 대답하는 과정에서 다시 한 번 협상의 원리를 터득하고 기술을 배웁니다. 검사와 변호사를 생각하면 쉽게 와 닿습니다. 법정에서 이기기 위해서는 사전에 철저히 준비를 하고 상대의 말을 정확하게 경청하고 상대방 주장의 숨은 의도까지 깊이 파악해서 논리적으로 반박하고 자신의 주장을 설득해야 합니다. 결국 사람을 생각하게 만드는 것은 '질문'입니다. 토론과 논쟁을 잘하려면 치열하게 생각할 수밖에 없습니다. 그러니 자연스럽게 뇌가 격동하게 되는 것입니다.

유대인은 태어나기 전 엄마 뱃속에서부터 하브루타를 한다고 할 정도로 토론이 생활화되어 있습니다. 구글을 창업한 래리 페이지와 세르게이 브린은 스탠퍼드 박사과정 중에 만났습니다. 두 사람은 모두 유대인이자 1973년 동갑내기입니다. 1995년 박사과정 2년차였던 브린은 스탠퍼드대 입학 예정자들의 캠퍼스 투어에서 가이드 역할을 맡았습니다. 두 사람의 첫 만남은 이날 이루어졌습니다. 두 사람은 첫 대면부터 논쟁을 벌였다고 전해집니다. 하지만 금세 친해졌고 캠퍼스 단짝이 되었습니다. 만날 때마다 벌어진 논쟁은 서로 깊이 교감하고 세상을 바꾸는 멋진 열매를 만드는 귀한 시간이었습니다. 서로 다른 성격과 스타일의 두 사람을 이어 준 것은 토론 문화에 익숙한 유대인 가정환경과 둘의 비슷한 관심사였습니다. 래리 페이지는 식사 시간마다 벌어지는 격렬한 토론 때문에 끊임없이 읽고 생각하고 상상해야 했다고 인터뷰한 적이 있습니다. 어떤가요? 토론 문화가 구축된 사회에서 자연스럽게 나오는 열매들이란 이런 것입니다. 좋은 문화가 준 풍성한 열매들을 곳곳에서 누리도록 우리 사회도 변화되어야겠죠?

깨부수고 의심하고 질문하는 사람들

유대인들이 모인 교실은 시장이나 카페보다 더 시끄럽습니다. 교수가 말하면 여기저기서 질문합니다. 이들은 의심하고 질문하는 것에 있어 천재들입니다. '사람이 만든 것은 분명 한계와 부족함이 있다' 이런 마인드에서 시작하기 때문에 몇 십 년을 연구한 교수가 강의를 해도 교수에게 질문을 하고 지적까지 할 수 있습니다. 오히려 이런 행동을 적극적으로 칭찬하고 격려합니다.

후츠파란 '주제넘은, 뻔뻔스러움, 철면피, 놀라운 용기, 오만' 등의 뜻을 가진 이스라엘 고유 단어입니다. 나이와 지위와 권위에 구애받지 않고 자기 주장을 내세우는 것을 의미합니다. 왜소한 다윗이 거대한 골리앗에 대항해 승리한 그 배짱과 깡이 전형적인 후츠파의 모습입니다. 그래서 유대인들은 어떤 사고를 하든지 남들과 다르게 새로운 것을 생각해 기존의 권위와 상식의 틀을 여지없이 파괴하면서 새로운 것을 만들어 냅니다. 기존의 이론과 통설을 뒤

집는 사람에게 찬사를 보내고 경제적 보상을 해 주는 문화입니다. 이들은 어떤 분야에서든지 '혁명가'가 나오길 원합니다. 그래야 세상이 더 발전하고 진보한다고 믿기 때문입니다.

자본주의 경제학의 아버지라고 불리는 애덤 스미스는 돈과 인간의 본질을 끊임없이 의심해 '보이지 않는 손'이라는 개념을 만들어 낸 정치경제학자이자 윤리철학자입니다. 애덤 스미스는 자본주의를 단순히 옹호한 게 아니라 오히려 인간의 도덕성을 깊이 있게 분석한 사람입니다. 이와 반대로 칼 마르크스는 자본주의의 한계를 끊임없이 의심했기에 사회주의 이론을 만들어 냈습니다. 사상이 다른 두 사람은 참 아이러니하게도 같은 유대인입니다. 지금의 정치, 경제는 애덤 스미스와 칼 마르크스 두 유대인을 빼고는 이야기할 수 없습니다. 심리학자 프로이트는 '의식'이 전부가 아니라고 의심하고 생각했기에 '무의식' 이론을 만들었습니다. 아인슈타인은 어떤가요? 기존의 물리 이론을 의심했기에 상대성이론을 만들 수 있었습니다. 미술계에는 피카소가 있습니다. 피카소는 그 당시의 주류인 평면적인 미술을 과감하게 벗어난 입체미술을 통해 현대미술의 새로운 경지를 열었습니다. 프란츠 카프카는 기존의 문학사조를 벗어나서 인간 본질과 사회를 의심해 '변신'이라는 명작을 썼고 실존주의 문학의 지평을 열었습니다. 이처럼 기존 권위에 대한 의심과 비판은 창의적인 혁신을 가져옵니다.

그런데 우리나라 사람들은 착하고 순한 양같이 자라는 게 좋다고 합니다. 모두가 같은 색을 가지고 평범하게 자라길 바라며 교육합니다. 미국의 경제학자이자 스탠퍼드대학교 교수인 에릭 하누셰크 교수는 이렇게 말했습니다.

"창의력은 학교에서 가르치는 게 아니다. 권위와 위계질서를 극복할 수 있는 문화 기반을 만들어야 창의력이 꽃필 수 있다. 내가 가르쳐 본 한국 학생들은 너무 예의가 발라 내가 엉뚱한 소리를 해도 지적하지 않는다. 이런 위계질서를 중시하는 문화가 사회 곳곳에서도 창의성을 발휘하지 못하게 한다."

창의성은 '교과목'이 아닙니다. 사회와 가정에서 함께 문화를 바꿈으로써 키워 줄 수 있습니다. 이제 우리도 의심을 허락하고 질문을 허락하고 지적과 비판을 허락하는 사회가 되길 바랍니다. 유연하고 자유로운 사회 속에서 비로소 세상을 바꾸는 창의적인 혁신가가 나오기 때문입니다.

토론 DNA 심어 주기

이제 온라인 안에서 우리는 세계적인 석학의 강의를 무료로 들을 수 있게 되었습니다. 원한다면 언제든 시간과 공간과 비용의 제약 없이 고급 콘텐츠를 접할 수 있는 것입니다. 기술의 발달이 교육의 모습을 바꾸고 있는 좋은 예입니다. 지식과 정보를 전하는 기본적인 교육은 이미 온라인에서 이루어지고 있는 셈입니다. 실제 오프라인 교육 현장에서 필요한 것은 '질문하고' '토론하는 것'입니다. 지식을 듣고 난 후 질문하고 토론해서 내 것으로 만드는 과정 후 창의적 결과물을 함께 만들어 나가는 것입니다. 이런 관점으로 본다면 학교와 교사는 영원히 없어지지 않습니다. 앞으로 더 중요해질 것입니다. 교사는 질문과 토론이 잘되도록 중간자 역할을 잘 해내야 하는 새로운 능력이 필요해졌습니다.

토론이라는 것이 처음부터 거창할 수 없습니다. 가정 안에서는 당장 가족회의부터 할 수 있습니다. 가족회의도 거창한 것이 아니라 '주말에 할 일 정하기'부터 서로 나누는 것입니다. 이때 말로만 하지 말고 컬러풀한 포스트잇과 매직펜을 준비해서 서로 자유롭게 의견을 말하고 조율하면 좋습니다. 그리고 한 달에 한 번이나 매년 말 서로에게 바라는 점을 이야기하고 가족의 계획을 함께 세워 보세요. 만약 엄마의 목표가 '생활비 절약'이라면 가족이 생활비를 절약하기 위해서 어떤 일을 할 수 있는지 나누는 겁니다. 그러면 어린 아이도 내가 용돈을 조금이라도 아끼고 저금통에 100원이라도 더 넣고 싶다는 마음이 듭니다. 그런 다음에는 아이가 관심 있는 주제를 선정합니다. 먼저 공감대를 형성해 아이가 솔직하게 대화할 수 있도록 판을 마련해 줍니다. 게임과 연예인, 스포츠와 관련된 이야깃거리를 미리 검색해 아이와 이야기를 주고받다가 질문을 하면서 생각을 확장하는 것입니다. 조금 성장했다면 실제 학생들의 눈높이와 관심사인 사회 이슈와 뉴스에 대하여 어떤 관점을 가지고 있는지 토론을 해 보면 좋습니다. 동성애 문제라든지, 세대 간 갈등, 공무원 시험에만 집중하는 사회 현상 등등……. 작은 실천이지만 질문과 토론에 능한 창의적인 혁신가의 DNA를 심어 주는 밑거름이 될 것입니다.

- 미래 사회가 과거와 다른 가장 큰 차이는 소수의 엘리트에 의존하는 것이 아니라, 다양한 구성원들 간의 네트워크를 통해 집단 지성을 끌어 낼 수 있는 훌륭한 인성과 커뮤니케이션 능력을 필요로 한다는 것이다. 앞으로의 시험과 평가는 특정한 과제를 친구들과 협업해서 실제로 제작하는 프로젝트 형태로 대체될 것이다. 따라서 부모는 아이의 수행평가를 긍정적으로 바라보고 협업 능력을 기르는 성장의 기회로 삼을 필요가 있다.

- 유대인의 하브루타 교육은 집단지성 시대에 가장 효율적인 교육 방식이다. 하브루타는 짝을 지어 질문하고 대화하고 토론하며 논쟁하는 것을 말한다. 하브루타의 원리는 '뇌를 격동시켜 최고의 뇌로 만들어 준다'이다. 한 주제에 대해 상대방과 의견을 나누다 보면 자신이 알고 있는 것을 논리적으로 표현하기 위해 많은 생각을 할 수밖에 없다. 그 토론과 논쟁의 과정에서 아이는 자연스럽게 질문과 협상의 원리를 터득하게 된다.

- '후츠파'란 주제넘은, 뻔뻔스러움, 철면피, 놀라운 용기, 오만 등의 뜻을 지닌 이스라엘 단어이다. 나이와 지위, 권위에 구애받지 않고 자기주장을 내세우는 것을 의미한다. 하브루타가 건설적이고 창의적인 토론 문화로 정착된 데에는 이 후츠파 정신이 큰 기여를 했다. 남들과 다르게 보고 상식을 파괴하면서 새로운 것을 만들어 내려면 기존의 권위에 고개를 숙여서는 안 되기 때문이다. 창의성이 교과목이 될 수 없는 까닭이 여기에 있다. 기존

의 권위와 위계질서를 극복할 수 있는 문화의 기반 위에서만 창의력이 꽃필 수 있는 것이다. 창의적인 아이로 키우기 위해서는 가정 안에서 토론하는 문화를 함께 만들어 가야 한다.

9장

부모의 변화가
아이의 미래를
결정한다

1

혁신을 선도하고
준비하는 부모

혁신! 우리 모두의 삶을 위하여

최순실 국정농단 사건으로 전 국민이 괴로울 때, 아이들에게는 보여 주고 싶지 않았던 대한민국의 어두운 면을 그대로 보여 줄 수밖에 없었습니다. 이제 미래 세대는 디지털 기기에 능숙하고, 일방적이고 권위적인 커뮤니케이션을 혐오합니다. 눈 가리고 아웅 하는 식, 수박 겉핥기 식의 대처로는 모든 정보를 SNS를 통해 공유하는 이 세대를 설득할 수 없습니다. 그들은 컴퓨터 게임으로 전략을 익히고 온라인으로 국경을 넘어 의견을 주고받으며 협업하는 세대입니다. 무엇보다 이들은 기성 세대의 부조리에 그저 손 놓고 무기력하게 바라보지만 않습니다. 항의를 표현하고 능동적으로 자신들의 힘을 보여 주려 합니다. 이런 세대에 대하여 부모들은 여전히 그저 조용히 가만히 있으라고, 시끄럽다고만 합니다. 그렇게 본인들의 무기력을 전염시키는 것은 아닌지 반문하게 됩니다.

이제 혁신은 지금부터 미래를 사는 모든 사람에게 요구됩니다. 사회 곳곳의 영역에서 적폐의 청산과 혁신을 부르짖고 있는데 혁신은 구호를 외친다고 곧바로 이뤄지는 간단한 것이 아닙니다. 무엇보다 간절함과 자율성이 결합되어야 합니다. 그래서 깨어 있는 의식이 중요하고 그걸 지속할 수 있는 문화가 중요한 것입니다.

혁신은 앞서나가는 몇몇 사람만의 숙제가 아니라 이제는 우리 모두의 생존을 위한 것입니다. 과거에 옳다고 믿었던 지식이 아무 쓸모없어지고 무기력하게 앉아 있으면 언제 어떻게 될지 모르는 시대가 온 것입니다. 중국에 '변화의 바람이 불 때 어떤 이는 보호벽을 쌓고 어떤 이는 풍차를 돌린다'라는 말이 있습니다. 이제 자녀 교육에 있어서 변화의 바람을 맞아 보호벽을 쌓을지 풍차를 돌릴지 부모가 결정해야 합니다. 사회 전체의 교육 시스템을 바꾸기에 개인의 능력은 미약할 수 있지만 '현재의 교육 시스템으로는 우리의 아이들이 미래에 대비할 수 없다'는 사실을 깨닫는 것만으로도 매우 의미 있는 첫 걸음을 내딛었다고 할 수 있습니다.

부모를 딜레마에 빠지게 하는 사회적 압력들

이 땅의 부모만큼 수많은 자녀 양육 정보를 받아들이는 분들이 또 있을까요? 덕분에 지식으로는 아이를 억압하지 말고 자유롭게 키워야 한다는 것을 누구나 잘 알고 있습니다. 그리고 내 자식만큼은 어느 누구보다 인간답고 행복하게 살 수 있게 교육을 시켜 주고 싶은 마음이 간절합니다. 여기에서 이상과 현실의 괴리가 생깁니다. 어떻게 대한민국에서 사교육을 시키지 않고, 시험과 입시에서 자유로운 교육을 할 수 있는가 하는 항변입니다. 하지만 저는 이 괴리만 인식하셔도 변화의 가능성은 있다고 생각합니다. 부모들은 보이지 않는 사회의 압력이 자신과 아이의 삶을 통제하고 있다는 사실을 인식하지 못합니다. 다음은 자녀교육에 있어 부모들이 알게 모르게 받는 사회적 압력입니다.

첫째, 기회는 공평하지만 실력은 공평할 수 없는 현실입니다. 서울대학교 '지역균형전형'을 가지고 예를 들어 설명해 보겠습니다. 이 전형은 전국의 모든 고등학교 이과, 문과 전교 1등 한 명씩에게 서울대를 지원할 수 있는 '티켓'을 주는 것입니다. 자사고, 특목고, 일반고 등 전국의 모든 고등학교에서 문·이과 1등 한 명씩만 주는 것이기에 자사고나 특목고나 학군이 좋은 고등학교에 다니는 학생들은 교내에서 이 티켓을 받는 경쟁이 정말 치열합니다. 반면에 지방 일반고는 자사고, 특목고, 서울 일반고에 비해서 조금만 열심히 하면 전교 1등이 되기 수월해 서울대 지역균형전형 응시 티켓을 얻기 쉽습니다. 그런데 안타깝게도 대부분 지방 일반고 아이들은 여기까지입니다. 서울대 입시를 치를 수 있는 기회는 얻었지만, 막상 자기소개서가 부실하고 어려운 구술면접을 잘 치르지 못하고 수능 최저학력 기준을 충족시키지 못해 떨어져 나갑니다(물론 과거 수능만으로 평가하던 시절에는 서울대 입시를 치를 수 있는 기회조차 얻기 어려웠습니다. 지역균형전형은 기회라도 최소한으로 보장되어 있고 열려 있습니다). 반대로 자사고, 특목고, 학군이 좋은 고등학교의 학생은 구술면접과 수능 최저학력 기준을 잘 맞춰 합격률이 비교적 높습니다. 그래서 매년 신문기사에 서울대에 일반고보다 자사고, 특목고, 강남 학군 출신자가 많다고 나오는 것입니다. 대학 입장에서는 자사고나 특목고 출신이라는 이유로 면접 잘 치르고 수능 점수까지 잘 맞춘 학생을 떨어뜨릴 수는 없는 노릇입니다. 이 또한 역차별이 되는 것이니까요. 여기서 우리는 잔인한 현실을 마주합니다. 아무리 제도가 개선되어도 '기회는 공평하게 줄 수 있지만 실력은 공평할 수 없다는 것'을 말입니다. 어떻게 실력과 역량을 경제력에 상관없이 키워 줄 수 있을까요? 경제력과 교육의 묘한 관계 때문에 학부모는 속이 탑니다. 경쟁이 심화될수록 입학은 점점 더 복잡해지고 까다로워지고 있습니다. 심지어 유치원부터 좋은 교육을 받도록 하기 위해 온 가족이 동원되어 희생을 치릅니다. 입학제도가 까다롭고 복잡할수록 부모의 경제력과 영향력이 커지기 때문에 명문대에 보내기 위해서라면 시간, 돈 등 집안의 모든 자원을 투자합니다. 그렇기 때문에 경쟁에서 밀리고 뒤처지면 상실감이 클 수밖에 없습니다. 오로지 상위 1% 학교에 진학하는 것이 제일 중요하다고 여기는 가치관이 깨지지 않는 한 이 문제는 해결되기 어렵습니다.

둘째, 미래 사회의 불확실성이 주는 압력입니다. 우리는 4차 산업혁명을 비롯해 정치, 경제의 모든 분야에서 변화가 시작되고 기존의 질서가 붕괴되는 시점에 살고 있습니다. 일자리 대부분을 인공지능이 대체할 날이 머지않았다는 전망에 부모들은 당장 기존의 일자리가 사라지고 삶이 위협받는 것 같은 불안을 느낍니다. 그래서 자녀를 더 심하게 통제합니다. 앞서 얘기했듯 눈에 보이지 않는 불안함을 눈에 보이는 학벌과 학력으로 해결하려는 본능이 발동되는 것입니다.

셋째, 미디어와 광고가 주는 압력입니다. 이 둘은 그 어느 때보다 교묘한 전략을 펼치면서 사람들을 현혹하고 있습니다. 과거에는 TV와 라디오 신문에만 광고가 노출되었는데 지금은 인터넷과 스마트폰, SNS 등 곳곳에 노출되고 있습니다. 이 광고들은 돈이 있으면 행복과 성공을 누릴 수 있으며 소유로 결핍과 부족함을 채울 수 있다고 말합니다. 미디어 속 광고들은 우리 마음 깊은 곳 욕망을 건드리고 불안감을 건드려 경쟁심에 사로잡히게 합니다.

더 많은 요인이 있겠지만, 이 세 가지 요인으로 인해 요즘 학부모들은 학벌과 학력에 더욱 집착하고 눈에 보이는 결과에만 초점을 맞춰 아이를 경쟁 속으로 몰아넣습니다. 그리고 결국은 교육비를 대느라 빚을 내다가 빈곤층으로 전락하는 '에듀푸어(edupoor, 교육 빈곤층)'에까지 다다릅니다. 부모들은 자신의 노후 자금까지 사교육비로 사용하여 가르치지만 정작 학교를 나온 자녀들은 취직도 어렵습니다. 부모의 과잉 투자는 부모와 자식 간 채무 관계를 형성하는 꼴입니다. 부모는 돈을 썼는데 아이는 그만큼의 '실적'을 내지 못하면 부모는 속상하고 아이는 죄책감을 느낍니다. 결국 서로 대화가 줄고 오해와 불신이 깊이지고 세대 간 갈등이 점점 심해지는 것입니다. 하지만 참 아이러니하게도 이러한 과잉 투자 교육 방식은 자녀가 미래 인재가 되는 데 전혀 도움이 되지 않고 오히려 해롭습니다. 아이를 빚쟁이로 만드는 교육으로 어떻게 미래 인재가 탄생할 수 있겠습니까? 사랑이라는 이름으로 자녀를 괴롭게 하는 이 바보 같은 교육 시스템에서 벗어나야 합니다.

문제 해결의 열쇠는 시스템이 아니라 사람에게 있다

새 정부가 들어서자마자 가장 정신없는 곳이 바로 교육부입니다. '2021년 수능시험 절대평가 전환, 학생부 종합전형 선발 비율 증가, 논술 전형 폐지, 외고 · 자사고 폐지'에 대하여 교육 현장 곳곳에서 격렬한 논쟁이 펼쳐지고 있습니다. 이미 2017년도부터 (2018학년도 선발) 수능 영어가 절대평가로 시행되어서 교육계에서는 수능시험 전 과목이 '절대평가'로 바뀔 것이라고 이미 예측했습니다. 또 2015교육과정 개정이 2018학년부터 시행되기 때문에 교육과정의 변화에 따른 입시정책(평가 기준)의 개편은 피할 수 없는 현실입니다. 교육부가 아무리 초 · 중 · 고 교육과정에서 '문 · 이과 융합, 창의성 높이는 프로젝트 활동수업, 전인교육 실현'을 강조하며 수업 과정을 재미있게 구성해도 정작 입시가 교육과정과 따로 놀면 정규 학교 수업과 별도로 부모들은 사교육에 의지해 입시를 준비하기 때문입니다. 앞에서 질리도록 반복했듯이 미래 사회에 대비하는 교육은 창의성과 문제 해결력을 키워 주는 교육이어야 하는데 이 교육과정에서 이루어지는 평가가 기존의 한 줄 세우기 식의 찍기 기술과 단순 문제 풀이력을 측정하는 시험이라면 그야말로 과정과 평가와 입시가 서로 조화되지 않는 괴물이 나옵니다. 그래서 수능시험의 힘이 약해지는 쪽이 2030년을 살아갈 아이들에게는 오히려 낫다는 것입니다.

문제는 불안한 학부모들입니다. 학부모들 중에는 여전히 수능시험 심지어 학력고사가 부활되기를 간절히 바라는 분들이 꽤 있습니다. 이유는 바로 '공정성' 때문입니다. 한 날 한 시에 보는 시험이야말로 공정하고 '눈'에 보이는 평가이기에 안심이 된다고 말합니다. 그런데 과연 이런 시험이 공정하고 합리적인 것일까요? 창의력과 문제 해결력과 발전 가능성을 단 하루 동안 시험으로 평가하는 것이 과연 가능한 것이며, 공정한 것일까요? 문제 난이도에 따라 달라지는 결과는 어떡할 건가요? 그 해 불수능(어려우면)이면 상위권이 유리해지고 물수능(쉬우면)이면 하위권이 유리해져서 눈치작전으로 대학과 학과를 일단 들어가고 보는 게 합리적인가요? 가장 귀하고 아름다운 20대 초반을 의미 없는 배움에 낭비하게 하는 것이야말로 저는 눈물이 나올 정도로 안타깝습니다.

또 교육정책과 입시를 바라보는 학부모의 시선 중 안타까운 부분이 있습니다. 수능시험과 학력고사 같은 입시 시험을 강화하자는 주장 대부분이 진히 본질을 해결하고자 하는 것이 아니라 수박 겉핥기 식입니다.

"지금 내신 시험 공부 외에 챙겨 줘야 할 비교과 활동이 얼마나 많은지 아세요? 봉사활동도 알아보고 챙겨야 하죠. 동아리 프로젝트도 대신해 줘야 하죠. 게다가 수행평가까지도. 엄마가 얼마나 해 줘야 하는 게 많은지 아세요? 예전에는 그냥 학원에만 보내면 알아서 주말에 내신 시험 보강해 주고 편했는데."

저는 묻고 싶습니다. 도대체 왜 엄마가 중학생, 고등학생의 과제를 대신해 주고 봉사활동과 수행평가를 해 주는 것일까요? 사회복지사로 일하는 친구에게 듣고 놀란 이야기가 있습니다. 엄마들이 기관에 연락해서 아이 대신 봉사활동을 하고 인증 시간을 달라고 억지를 부린다는 것입니다. 좋게 말해서 엄마 주도 봉사활동인데요. 아이는 무슨 봉사를 하는지도 모른 채 엄마를 무작정 따라오고, 봉사활동 현장에서는 아이가 일하는 것을 옆에서 다 지켜보면서 대신 챙겨 주는 엄마도 수두룩하다고 합니다. 지금 제도가 문제가 아닙니다. 문제의 근본은 부모의 과도한 교육열과 집착, 자녀의 자기주도력 결여이지 제도가 아닙니다. 이런 부모님과 자녀는 어떠한 교육정책이 나와도 마찬가지로 괴로울 것입니다. 결국 부모 본인이 다 해야 하니까요.

물론 학생부 종합전형도 완벽한 것은 아닙니다. 정성적 평가는 평가자의 주관적 판단이 많이 개입되기 때문입니다. 과연 우리 사회가 정성평가의 신뢰도를 받아들일 만큼 성숙한 사회인지 의문이 듭니다. 학생부 기록에 관한 문제도 큽니다. 기록의 주체가 교사인데 학생의 노력만큼이나 교사의 역량 또한 정말 중요합니다. 비록 학생의 역량이 같을지라도 수업을 하는 교사의 역량에 따라 학생부 기록에서 엄청난 차이가 나기 때문입니다. 수업시간에 학생들의 역량을 잘 이끌어 내면서 수업한 교사와 그렇지 않은 교사의 세부 능력 및 특기사항의 기록은 차이가 날 수밖에 없습니다. 즉 학교 및 교사의 선택권이 없는 상황에서 학생들은 본인의 능력이 아닌 다른 요소로 인해 입시의 유불리가 생기게 됩니다. 학부모와 학생들 사이에서는 선생을 잘못 만나면 입시는 포기해야 된다는 말까지 나오고 있습니다. 기록이 교사에게 달려 있기 때문입니다. 실제로 컨설팅을 하면서 전국의 고등학생 학생부를 보면 정말 학교마다 지역마다 차이가 많이 납니다. 학생부 기록의 질質이 지역별, 학교별, 그리고 교사별로 큰 차이가 벌어져, 학생들이 자신의 역량이 아닌 다른 요인으로 인해 입시에서 불이익을 받고 있다는 점은 심각하게 고려해 볼 필요가 있습니다.

지금까지 대한민국은 명문대 입학이 곧 사회적 성공이라는 인식이 강하고 입학하면 누구나 쉽게 졸업하고 대학 입학할 때 외에는 학생들이 역량을 개발하는 진짜 공부를 안 합니다. 학벌보다는 능력을 중시하고, 입학의 기회는 비교적 쉽게 주어지지만 재학 중 철저한 평가를 통해 졸업을 쉽게 허락하지 않아 대학 진학에 대한 열성이 비교적 덜한 외국과 성발 다릅니다. 결국 학생부 종합전형이 문제가 아니라 사람과 문화가 문제인 것입니다. 우리는 제도 자체의 유무를 논하는 것보다 먼저 교육 문화 자체를 바꾸어야 하고 미래 교육에 대한 사회 구성원들의 합의가 선행되어야 합니다.

대한민국 미래 교육은 누가 바꿀 수 있을까?

능력보다는 학벌을 중시하는 우리나라 현실 속에서 대입은 중요한 문제일 수밖에 없습니다. 그리고 우리나라는 미래 교육을 이야기할 때 입시를 빼고는 죽어도 앞으로 나아갈 수 없습니다. 그렇다면 교육 생태계를 변화시킬 수 있는 주체는 누구일까요? 교육부일까요? 정작 공교육 시스템과 정책을 바꿀 수 있는 지식과 힘을 가진 사람들은 대한민국 교육의 문제와 한계를 알면서도 바꾸려고 하지 않았습니다. 이지성 작가가 쓴 '생각하는 인문학'을 보면 그 사정을 엿볼 수 있습니다. 대한민국 상류층에게 인문학 강의를 할 기회가 있었던 이지성 작가는 이렇게 물었다고 합니다.

"힘을 가진 당신들이 앞장서서 대한민국 공교육 시스템을 바꿔야 하지 않나요?"

"강사님, 우리나라 교육이 바뀔 것 같나요? 그럴 일 없어요. 교육 제도는 정치하는 사람들이 바꾸는 건데 보수든 진보든 돈 있고 힘 있는 사람은 자녀를 외국의 명문 사립학교로 보내거든요. 그런데 그 사람들이 뭐가 아쉬워서 고생스럽게 대한민국 교육을 뜯어고치려고 하겠어요?"

『서울대에서는 누가 A+를 받는가』의 저자인 교육공학자 이혜정 교수도 한 신문과의 인터뷰에서 이런 말을 했습니다.

"내 주변에 교육학 박사들이 많다. 그들이 우리나라 교육에 대해 얼마나 잘 알겠나. 그런데 나와 친분 있는 교육학 박사 자녀들을 보면 대한민국 공교육을 경험하고 있는 아이가 아무도 없더라. 조기 유학을 가거나 국제학교, 대안학교, 홈스쿨링, 검정고시를 하거나 무언가 다른 걸 한다. 정말 이상했다. 그렇다고 그들이 모두 돈 많은 사람들도 아니다. 물론 못 먹고 살 정도는 아니지만 여유가 없음에도 대한민국 공교육을 선택하지 않는다는 것은 그만한 이유가 있을 것이라고 봤다. 그들에게 물어보니 한결같이 하는 말이 '한국 공교육을 탈출하고 싶었다'는 것이다. 내가 교육과 관련돼서 이야기하면 많은 정책 결정자들이 '중요하죠', '필요하죠'라며 공감은 한다. 그런데 그게 끝이다. 대개 사교육도 사회 비즈니스니까 이권과 맞물려 있어서 그 생태계를 무너뜨리기 쉽지 않은 부분이 있다. 그래서인지 항상 우선순위에서, 예산 배정 순위에서, 교육 개혁은 밀린다. 나는 우리나라 교육이 진심으로 걱정된다."

저는 지금 기득권자들을 비난하려는 것도 아니고 돈 없는 부모들은 대한민국에서 애를 어떻게 키워야 하냐고 힘 빠지게 하려는 것도 아닙니다. '대한민국 교육은 정말 누가 바꿀 수 있을까?'를 함께 의논하고 싶어서 제시한 이야기들입니다.

모두가 공교육을 탈출해서 대안교육과 홈스쿨링을 시킬 수도 없는 노릇입니다. 대안학교와 홈스쿨링을 한 아이들도 나름의 고충이 있습니다. 이런 말을 저에게 했던 아이를 기억합니다. 사회는 '대안사회'가 아니라고. 어릴 때 공동 육아와 대안교육을 받았던 아이가 제도권 교육과 사회에 들어갔을 때 정말 힘들었다고 한 경우도 많이 봤습니다. 하지만 미래 교육은 앞으로 점점 달라집니다. 과거에 대안이라고 여겼던 것이 점점 '대세'가 되고 비주류라 여겼던 것이 '주류'가 되어 가고 있습니다. 앞으로는 다양한 교육 주체가 생기기 때문입니다. 이 속도를 대한민국에 앞당길 수 있는 존재가 바로 부모입니다. 방법은 굉장히 심플합니다. 부모 세대가 상상할 수 없는 미래가 온다는 것을 먼저 인정하고 받아들이는 것입니다. 그리고 멀리 보는 것입니다. 현재 98세의 나이에도 열정적으로 활동하고 계신 김형석 교수님은 『백 년을 살아 보니』라는 책에서 이런 조언을 해 줍니다.

"인생은 50이 되기 전에 평가해서는 안 된다. 그래서 자녀들을 키울 때도 이 애들이 50쯤 되면 어떤 인간으로 사회에 도움을 줄 수 있을까를 생각하는 것이 부모의 마음이다."

"똑같은 행복이라는 것은 없기 때문에 시간이라는 빈 그릇 속에 담아 넣고 싶은 것들을 스스로 그려 보라."

우리는 조급하게도 10대와 20대만을 보고 대학 입시와 취직에만 초점을 맞춰 아이를 바라봅니다. 또 똑같은 행복, 획일적인 꿈과 성공을 주입합니다. 금방 쓸모없어질 대학 졸업장만을 위해 돈과 시간을 바치는 대신 아이의 개성과 잠재력을 끌어내 줄 교육 전략을 세워야 합니다. 아무리 좋은 대학을 나와도 자녀에게 자신만의 콘텐츠가 없으면 앞으로는 더 이상 경쟁력이 없다는 것을 부모들이 먼저 알아야 합니다. 평균 수명이 120세인 아이들은 20세쯤 대학에 들어가 남은 100년 동안 무엇을 하며 먹고살 것인지 진지하게 고민해야 합니다. 앞으로 우리 아이들은 죽을 때까지 평균 10개의 직업을 가지고 살아야 합니다. 인생에서 최소 10개의 직업을 갖게 될 것을 미리 받아들인다면, 이제 그 직업들을 어떻게 발굴할지가 중요합니다. 앞으로의 교육은 아이가 100년 동안 추구할 수 있는 자신만의 콘텐츠를 발견하고 발전시킬 수 있도록 도와주어야 합니다. 그래서 고유한 관심사를 마음껏 펼치게 할 개별 맞춤형 교육으로 아이가 자신만의 경험과 스토리를 쌓도록 도와주어야 합니다.

부모가 1% 변화하면 자녀는 10% 변화한다

막연한 미래를 위해 좋은 점수를 받고, 좋은 성적을 위해 무조건 열심히 공부해야 하는 무한 반복의 악순환 속에서 아이들은 초·중·고 12년을 보냅니다. 이 과정은 시험에서 높은 성적을 얻는 기술만 얻을 뿐 학습과 탐구의 기쁨은 사라지고, 학창시절은 그저 참고 견뎌내야 할 고난의 시기일 뿐입니다. 현재의 삶을 행복하게 살지 못하는 아이들이, 과연 미래를 위한 역량은 제대로 기를 수 있을까요. 가장 생동감 넘쳐야 하는 시기에 지루한 주입식 공부로 압박당한 아이들이 이 세상에 대한 긍정 어린 호기심을 가질 수 있을까요?

막연한 미래의 경쟁에서 이기기 위한 교육을 강조하기보다 '지금 이 순간' 자신을 잘 돌보게 한다면 어떨까요? 시험에 얽매이지 않고 친구들과 둘러앉아 협력하여 모르는 문제를 해결하고 지금 옆에 있는 친구의 마음을 공감하고 배려한다면 어떻게 될까요? 세상에 대한 관심과 호기심으로 마음껏 세상을 탐험하고 탐색하며 놀 시간이 충분히 주어진다면 어떻게 될까요? 이런 행복한 현재적 삶을 살 수 있다면, 이 과정에서 자연스럽게 미래 인재에게 필요한 창의성, 자기주도성, 공감, 협력 등의 능력이 길러질 것입니다. 미래는 '앞으로의 현재'일 뿐입니다. 그러므로 현재를 가장 잘 살아가는 것이 결국 미래를 가장 잘 대비하는 것이고 또 실제 미래에 가장 잘 살 수 있는 방법이라고 생각합니다.

익숙한 대로 아이를 학원에 계속 보내고 여전히 시험 잘 치르는 공부법만 가르치면 일단은 마음이 편할지 모르겠습니다. 하지만 더 나은 삶은 어떤 '변화'를 통해서만 가능합니다. 지금 몸에 밴 생활은 편하고 익숙하지만, 그것보다 더 나은 삶을 원한다면 불편함을 감수하고 기꺼이 변화를 시도하는 용기가 필요합니다. 우리나라 학부모들이 가지고 있는 고정관념, '성공하기 위해서 사교육을 열심히 시켜 좋은 대학에 들어가야 한다'가 깨지지 않으면 2020년 이후 대한민국은 더 가능성이 없어집니다. 시대가 바뀌어 가는 만큼 부모가 바뀌어야 아이도 자연스럽게 변화됩니다. 단 1%의 생각만 변화되어도 그 변화된 1%의 구성원이 모여 100%를 만듭니다. 이 1%가 모여 100%에 가까워질 때 결국 사회 시스템까지 변하게 되는 것입니다. 소수의 촛불이 모여 나중에는 광장과 대한민국을 뒤덮었듯이 변화된 의식을 가진 한 사람 한 사람이 모여 서서히 우리 사회는 더 잘될 것입니다.

2

부모와 자녀가 함께
걸어 나가는 아름다운 길

친밀감과 존경심의 회복

미래에는 일과 고용의 개념이 지금과 많이 달라집니다. 지금은 정규직이냐 비정규직이냐가 굉장히 예민한 문제이지만 미래학자들은 앞으로 정규직과 비정규직의 구분은 사라지고 대부분이 '프리랜서'인 시대가 올 것이라고 전망하고 있습니다. 회사와 계약을 맺어 가치와 노동력을 제공하고 대가를 받는 프로젝트성 업무가 많아질 것이고, 기업 자체도 짧은 기간 동안 일할 사람을 선호하게 될 것이라고 합니다. 워낙 불확실성이 큰 시대라서 공룡처럼 몸집이 거대한 조직은 변화와 위기에 빠르게 대처할 수 없기 때문입니다. 이처럼 재택근무, 스마트워킹, 유연근무제, 1인 기업과 프리랜서 증가 등으로 많은 아버지들은 시간적 여유가 상대적으로 많아질 것입니다. 어른들뿐일까요? 아이들도 굳이 어느 한 교실 안에서만 머물면서 공부하는 시대가 아닐 것입니다. 미래에는 '탈학교화'

가 거세게 진행될 것이기 때문입니다. 그래서 이제는 전 세계를 돌아다니면서 우리 가족이 머무는 곳이 곧 일터이자 학교가 되는 시대가 될 것입니다.

그렇다면 분명 가정의 모습은 변화됩니다. 아버지들이 가정에서 자유롭게 일하는 시간이 많아지면서 자녀들과 함께 보내는 시간의 절대량도 늘어날 것입니다. 요즘 인기 방송 프로그램 중 하나가 아빠들이 가족과 함께 시간을 보내면서 요리와 살림을 하거나 자녀를 양육하는 프로그램입니다. 또 '스칸디 대디' 육아법 및 남성들의 육아휴직이 이슈화가 되는 것은 자녀교육에서 아버지의 역할이 중요하다는 것을 나타내고 미래 사회에는 더 보편화될 것이라는 것을 암시하기도 합니다.

그렇다면 미래 아버지는 어떤 식으로 시간을 보내야 할까요? 완벽한 대안까지는 아니지만 그나마 대안이 될 수 있는 '스칸디 대디'와 '유대인 아버지'를 살펴보고 싶습니다. '스칸디 대디'는 2011년 영국 〈더 타임스〉에서 처음 사용한 표현으로 '북유럽식 아버지'라는 말입니다. 스칸디 대디는 자녀와 함께 시간을 보내는 것을 삶의 중요한 가치로 여기고 육아와 자녀교육에 적극 참여합니다. 최근 우리나라도 아버지라는 존재에 대하여 많은 담론이 오고 가고 있습니다. 아버지는 돈 벌어 오는 기계일 뿐이고 자녀들과 관계를 맺지 못해 가족에게까지 소외를 당하는 대한민국 가장의 모습이 공중파 방송에 다큐멘터리로 나와 많은 이들이 눈시울을 적시기도 했습니다. 이러한 모습은 병든 대한민국의 일부이기에 이 부분을 개선하기 위해 야근을 줄이는 기업들도 많이 나오고 있습니다. 스칸디 대디의 특징은 친구 같은 친근함과 기꺼이 시간을 아이에게 주고자 하는 열정입니다. 야근이 일상화되어 여유가 없고 자녀교육은 으레 부인이 해야 한다고만 생각하는 아버지들에게 필요한 모습이 이 스칸디 대디의 모습입니다. 스칸디 대디들은 '품안에 있을 때만 자식'이라는 한국 속담을 잘 아는 듯 자녀를 귀찮아하지 않고 놀아 줄 수 있을 때 더 놀아 주려고 적극적입니다. 시간은 흐르면 되돌아오지 않기 때문이죠.

유대인 아버지의 일차적 의무는 '교사'입니다. 유대인 자녀는 자신의 아버지를 선생님으로 알고 '우리 아버지인 선생님'으로 부른다고 합니다. 아버지의 권위는 하나님으로부터 위임받은 최고의 권위라고 생각합니다. 성경을 보면 유대인 아버지는 가정의 크고 작은 문제를 결정하는 최고 결정자임을 넘어서서 영적인 축복까지 할 수 있는 존재로 나옵니다. 유대인 자녀에게 아버지는 이러한 권위가 있기에 가르침에 '힘'이 실립니다. 유대인 아버지는 우선 아침을 같이 먹습니다. 이때 절대 TV는 보지 않고 가볍게 토론하면서 아이의 두뇌를 자극합니다. 일을 마치고 돌아오면 가족과 함께 식사하고 식사를 한 후 아버지와 아이는 둘이 서재에 들어가 함께 탈무드를 읽고 토론합니다. 탈무드는 기독교 성서와 달리 어떠한 답도 제시하지 않는 일종의 토론서 형식으로 되어 있습니다. 그래서 닫힌 결말이 아니라 다양한 의견과 가능성을 다룬 '열린 텍스트'입니다. 탈무드는 '아버지는 자녀에게 토라를 가르치고 사업하는 법을 가르칠 의무가 있다' 고 말합니다. 이 의무에 의해 모든 아버지는 최선을 다해 자녀를 가르칩니다. 유대인 아버지는 하나님의 말씀을 통해 정신을 키워 주고 동시에 육체가 이 세상에서 먹고살 수 있는 방법을 알려 줍니다. 이때도 일방적으로 아이에게 자신의 생각을 강요하거나 주입하지 않고 코치의 역할을 합니다. 유대인 아이들은 TV가 아닌 책을 보는 아버지의 모습을 보면서 자연스럽게 존경심을 가지게 됩니다. 이렇게 끊임없이 자발적으로 공부하는 아버지를 보며 아이들은 부모의 모습을 자연스럽게 닮고 공부하는 습관을 기르게 됩니다.

미래에 회복되어야 하는 것이 바로 관계의 본질입니다. 부모와 자녀 관계의 최고 본질은 '친밀감'과 '존경심'입니다. 스칸디 대디와 유대인 아버지를 대안으로 삼은 것도 이 때문입니다. 기술의 발달, 일터의 변화가 가족 간 친밀감과 존경심이 회복되는 도구가 되길 바랍니다.

부모와 자녀가 함께 걷는 미래

역사상 가장 위대한 첼리스트로 불리는 파블로 카잘스. 그는 1973년 96세의 나이로 별세하기 전까지 하루 6시간씩 연습을 했다고 합니다. 어느 날 기자가 카잘스에게 이런 질문을 했습니다.

"선생님은 이미 세상에서 가장 위대한 첼리스트로 인정받고 있습니다. 그런데 95세 나이임에도 아직까지 하루에 여섯 시간씩 연습하는 이유가 무엇입니까?"

신문기자의 질문에, 그는 머뭇거리지 않고 이렇게 대답했습니다.

"기자 양반. 그건 내 연주 실력이 아직도 조금씩 향상되고 있기 때문이라오."

카잘스의 일화를 들으면서 '성장을 갈망하는 태도'야말로 위대하다는 생각이 들었습니다. 2017년에 태어난 아이는 140살까지 산다는 기사가 〈타임스〉에 나왔습니다. 그렇습니다. 우리는 앞으로 정말 오래 살 것입니다. 학부모님들은 요즘 우스갯소리로 이런 말을 합니다.

"이제 정말 재수 없으면 100살까지 살겠네요. 애랑 나랑 같이 나이 들어 갈 텐데 애 대학가는 건 둘째치고 내 앞가림할 준비나 해야겠어요."

미래 사회는 이제 부모와 자녀가 함께 배우고 발전하고 성장해나가야 할 때입니다. 새로운 사회가 어떻게 펼쳐질지, 경제활동은 어떻게 펼쳐질지, 어떤 배움을 가지고 준비해야 하는지, 함께 탐구해야 합니다. 이때 중요한 게 부모 먼저 자신의 삶에 대하여 '성장 마인드셋'을 갖는 것입니다. 95세에도 자신은 어디까지 자랄 수 있는지 설레어하는 파블로 카잘스처럼 말입니다. 시수를 설명했던 3장에서 소개한 두 가지 '마인드셋'을 다시 언급해 보겠습니다. 하나는 고정된 고착 마인드셋이고 다른 하나는 성장하는 마인드셋입니다. 고정된 마인드셋이란 사람의 지능은 태어날 때 가지고 태어나는 것이며 보편적으로 모든 사람이 다 무엇인가를 배울 수는 있지만, 타고난 지능은 변하지 않는다는 이론을 믿는 시스템입니다. 고정된 마인드셋을 믿는 사람들은 자신이 어떤 구체적인 분야나 특정 직업에 대한 선천적 재능이나 지능을 가지고 태어났다고 믿으며 그 외의 분야는 개발해 보거나 도전해 볼 생각조차 하지 않습니다. 잘 해내지 못할 것이라는 두려움이나 선입견이 작용하기 때문에 실패했을 때 이를 수치스럽게 생각합니다. 자신의 무능함을 직시했다고 여기기 때문입니다. 반면에 성장 마인드셋을 가진 사람은 자신이 발전할 수 있다는 믿음의 힘이 있습니다. 설령 실수하더라도, 또 어려움이 다가오더라도 그 경험을 통해 배우고 자신이 성장할 수 있다고 믿는 사고방식을 소유했습니다. 이런 사고방식을 가진 사람들은 호기심을 가지고 지속적으로 배우려고 노력하며, 실패나 역경도 잘 극복합니다.

부모가 중요한 것은 부모의 철학이 자녀에게까지 그대로 스며들기 때문입니다. 부모가 어떤 생각을 갖고 어떤 철학을 가지고 있느냐에 따라 자녀가 세상을 살아가는 행동이 달라지고 그것이 아이의 인생에 매우 광범위하게 영향을 미칩니다. 자녀가 지평선 너머의 더 먼 곳을 찾아 나서도록 격려할 때마다 부모도 자신 안에 있는 탐험가적인 기질을 다시금 일깨울 것입니다.

희망이 답이다

소득 양극화와 교육 불평등의 동시 심화, 기후 변화와 환경 생태계의 위기, 세계화의 심화와 초연결 사회, 인구 고령화, 기술 융합과 정보사회의 전면화, 한반도의 남북통일……, 미래 사회를 전망하는 키워드들입니다. 듣기만 해도 부담되고 암울합니다. 미래학과 관련된 많은 책을 읽으면서 그래도 교육이 희망이라는 확신이 듭니다. '지금의 정답'이 통하지 않는 미래 시대를 대비한 교육이 뭘까? 답은 의외로 어렵지 않았습니다.

"사람은 무엇으로 사는가?"

"영혼을 가진 우리가 행복하게 잘 사는 방법이 뭐지?"

이제 우리는 깊이 숨겨 놓았던 위와 같은 질문을 던지게 될 것입니다. 영화 〈마션〉을 보면 화성에서도 살아남아야 하는 인간을 봅니다. 빅터 프랭클의 『죽음의 수용소에서』를 읽어 보면 잔인한 폭력과 억압 속에서도 살아남아야 하는 인간을 봅니다. 미래에 또 다른 예측 못한 어려움 속에서도 우리는 살아남아야 하겠죠? 그러나 시대와 상황과 환경만 바뀌지, 생에 대한 애착과 인간이기에 그 자체만으로 귀한 존재라는 가치는 변하지 않습니다. 더불어 희망이라는 가치도요.

영화 〈인생은 아름다워〉는 제2차 세계대전 당시 아우슈비츠 유대인 대학살의 현장에서 수용소에 갇힌 아들을 지키기 위해 고군분투하는 아버지의 이야기를 그렸습니다. 그 죽음의 현장에서조차 아버지는 아들에게 '인생은 아름답다'는 희망을 전해 줍니다. 부모가 자식에게 줄 수 있는 최고의 선물이 바로 '희망'이기 때문입니다. 총살당할 줄 알면서도 아들을 위해 장난감 병정처럼 신나는 표정을 짓던 그 아버지의 모습이 생생합니다.

또 필요한 게 있습니다. 바로 긍정적인 시선입니다. 몇 년 전 신문 칼럼에서 본 글입니다. 어느 신발 회사에서 아프리카 오지 마을로 직원 2명을 보냈다고 합니다. 새로운 시장을 개척하기 위해서였습니다. 그런데 두 사람은 상반된 보고를 했습니다. 한 직원은 '그마을 사람들은 모두 맨발로 다녀서 신발을 팔 수 없다'고 했고, 다른 직원은 '그 마을 사람들은 모두 신발이 없이 맨발로 다니므로 신발이 필요하다. 정말 잘 팔릴 것이다' 라고 보고했습니다. 위기를 기회로 보는 눈이 있어야 새로운 판로를 개척할 수 있습니다. 무엇보다 미래를 본다는 것, 비전을 가진다는 것은 부정적인 태도에서는 절대 할 수 없는 일입니다. 미래가 현재보다 더 좋을지 나쁠지는 알 수 없습니다. 그렇기 때문에 더 철저하게 낙관적인 태도를 가지고 자신과 자녀가 원하는 미래를 그려야 합니다. 인류 역사는 위기를 극복하고 답을 발견하는 과정을 통해 발전해 왔습니다. 여러분이 인생을 그래도 아름답게 바라볼 수 있다면, 그리고 어떤 위험도 피하지 않고 전진할 각오가 있다면, 미래는 분명 빛날 것입니다.

> 사과 안에 있는 씨는 셀 수 있다. 하지만 그 씨 안에 얼마나 많은 사과가 들어 있는지는 셀 수 없다. _켄 키지

미래가 불안하지만 부모님의 사랑과 내 자녀의 숨겨진 가능성이 있기에 우리는 희망을 가질 수 있습니다.

아이가 스스로 날 수 있도록 지켜보는 부모

"따뜻한 햇살 아래, 한 소녀가 고치에서 나오려 절박하게 몸부림을 치는 나비를 마주하게 되었습니다. 소녀는 고치 속에서 나올 듯 말듯 애쓰는 나비가 참 안타까웠습니다. 그래서 소녀는 나비를 도와주어야겠다고 마음먹었습니다. 소녀는 나비를 짓누르는 고치를 조심스레 손으로 벗겨서 나비를 꺼내 주었습니다. 그런데 이상한 일이 일어났습니다. 나비가 날개를 펴고 멋지게 훨훨 날 줄 알았는데 그 자리에서 꼼짝도 하지 않는 것입니다. 소녀는 나비가 제대로 날기 위해서는 먼저 힘을 키워야 한다는 것을 몰랐던 겁니다. 나비는 자신보다 크고 무겁고 버거운 그 고체에서 벗어나기 위해 고군분투하면서 날 수 있는 힘을 자연스럽게 키우는 것인데 소녀는 그것을 모르고 당장 도와주고 싶은 마음이 앞서 자신이 나서서 도

와주었던 거죠. 소녀는 날지 못하는 나비를 한없이 바라보며 눈물을 흘렸습니다."

이 우화에서 소녀는 의도치 않게 나비를 무기력하게 만들었습니다. 아이가 처음 걸음마를 하거나 자전거를 타기 위해서는 수많은 뉴런이 연결되는 과정을 거쳐야 합니다. 자녀가 인생을 살아가는 능력을 기르는 것도 결국 자신이 직접 해야 하는 치열한 과정입니다. 이 세상 모든 부모에게 더 높은 곳으로 날기 위해 성장통을 겪는 자녀를 사랑과 믿음으로 천천히 지켜보는 용기가 회복되길 바랍니다.

인재보다 인간이 필요한 미래 사회

이 책을 준비하는 2016년 대한민국의 가을, 겨울은 참 암울하고 혹독했습니다. '우리나라에 봄이 올까요?' 마음 아파하며 한 자 한 자 썼습니다. 확실한 건 왜 봄이 안 오냐 징징댔지만 결국 봄은 온다는 것입니다. 이 희망이 대한민국을 일으켜 세웠고 정말 부족한 저이지만 간절한 마음으로 이 책을 쓸 수 있게 이끌었습니다. 저야말로 좋은 게 좋은 것이고, 피곤한 건 딱 질색인 평범한 소시민입니다. 변화, 혁신 이런 말 생각조차 못했고 감히 저하고는 어울리지도 않는다고 생각했습니다. 하지만 이스라엘 여행과 국가적 사건이 숨겨진 저의 '혁신 DNA'를 자극시켰습니다. 누구만의 잘못이라고 비난할 수 없을 만큼 '대한민국 전체가 곪았고 만신창이였구나' 하는 현실이 적나라하게 드러난 사건이었기 때문입니다. '대한민국'이 마치 수술대 위에 올려져 수술을 받는 중인 것만 같았습니다.

저 역시 나 혼자만 열심히 해서 잘나가면 된다고, 개인의 자기계발에만 열중하고 그게 다라고 믿었던 사람입니다. 하지만 교육 일을 하면서 점점 '나'를 둘러싼 세계가 엉망이면 결국 '나'조차 한계를 만나고 괴롭게 된다는 사실을 직면했습니다. 또 이 고통이 나만으로 끝나는 것이 아니라 '다음 세대'인 내 자식들에게 되물림된다는 게 더 괴로웠습니다. 그래서 나부터 변화해야겠다고 다짐했고 노력했습니다. 교육 분야에서 학생과 학부모에게 최선을 다하는 것은 기본이고 더 나아가 내가 속한 사회가 나아지도록 애쓰자는 열망으로 강의했고 또 책을 썼습니다. 그러니까 사실 이 책은 자녀양육법을 다룬 자녀교육서라기보다는 미래를 살아갈 아이들을 위해 스스로가 먼저 변화해야 하는 '부모를 위한 자기계발서'입니다.

이제는 자식을 인재로 만들려는 생각보다 인간을 만들겠다는 결심이 더 필요합니다. 인재는 더 뛰어난 인공지능에게 언제든지 자리를 빼앗길 위협을 받지만 인간은 그렇지 않기 때문입니다. 인재로 만들려는 생각은 결국 또 미래 사회에 뒤처지면 어떡하냐는 불안과 염려를 낳게 되고 결국 그러면 또다시 창의성과 진로 교육도 암기 주입식으로 하는 한국형 돌연변이를 만들 수 있기 때문입니다. 인간으로 키우려는 결심은 행복하고 열정적이고 자기주도적인 삶을 가능하게 하고 무엇보다 다른 인간과 소통하고 함께 살아가게 만듭니다. 아무리 똑똑한 엘리트라지만 내 자식이 '청문회장'과 '교도소'를 들락거린다면 부모로서 피눈물 나지 않을까요? 그래서 장기적으로 보면 '인재'보다 '인간'이 더 남는 것이죠. 무엇보다 남과 경쟁하고 비교하는 삶이 아니라, 아이가 자기 삶과 로맨스에 빠져서 어떤 환경과 상황이 닥쳐도 행복한 성공을 하도록 도와주는 것이 진정한 교육이라고 믿습니다. 격변의 시대에도 통할 수 있는 교육 가치와 원리를 '일곱 개의 마스터키'라는 키워드로 이 책에 담았습니다.

"내 평생에 선하심과 인자하심이 반드시 나를 따르리니 (시편 23:6)"

매일 아침 눈을 뜨면 제 영혼에 속삭이는 글입니다. 이 책을 읽는 모든 분들에게도 이 희망의 메시지가 함께하길 축복합니다.

마지막으로, 무엇을 하든 항상 저를 믿어 주신 부모님, 진심으로 사랑하고 감사합니다.

참고문헌

도서

다니엘 핑크 저, 김명철 역, 『새로운 미래가 온다』, 한국경제신문사, 2012

다니엘 핑크 저, 석기용 역, 『프리에이전트의 시대』, 에코리브르, 2004

최윤식, 『미래학자의 통찰법』, 김영사, 2014

최윤식, 『최윤식의 미래준비학교』, 지식노마드, 2016

박영숙, 제롬 글렌, 테드 고든, 엘리자베스 플로레스큐, 『유엔미래보고서 2025』, 교보문고, 2011

박영숙, 제롬 글렌, 테드 고든, 엘리자베스 플로레스큐, 『유엔미래보고서 2040』, 교보문고, 2013

박영숙, 『메이커의 시대』, 한국경제신문사, 2015

조벽, 『조벽 교수의 인재혁명』, 해냄, 2010

정지훈, 『내 아이가 만날 미래』, 코리아닷컴, 2013

하워드 가드너, 케이티 데이비스 저, 이수경 역, 『스마트 세대와 창조 지능 앱 제너레이션』, 와이즈베리, 2014

켄 로빈슨, 루 애로니카 저, 승영조 역, 『엘리먼트』, 승산, 2010

리처드 왓슨 저, 이진원 역, 『퓨처 마인드』, 청림출판, 2011

박순서, 『공부하는 기계들이 온다』, 북스톤, 2016

박용후, 『나는 세상으로 출근한다』, 라이팅하우스, 2015

아만다 리플리 저, 김희정 역, 『무엇이 이 나라 학생들을 똑똑하게 만드는가』, 부키, 2014

류모세, 『유대인 바로보기』, 두란노, 2010

이상민, 『유대인의 생각하는 힘』, 라의눈, 2016

더글라스 토마스, 존 실리 브라운 저, 송형호, 손지선 역 『공부하는 사람들』, 라이팅하우스, 2013

이현청, 『왜 대학은 사라지는가』, 카모마일북스, 2015

로버트 루트번스타인, 미셸 루트번스타인 저, 박종성 역, 『생각의 탄생』, 에코의 서재, 2007

최윤식, 최현식, 『2030 미래의 대이동』, 김영사, 2016

힐 마골린 저, 권춘오 역, 『공부하는 유대인』, 일상과 이상, 2013

전성수, 『부모라면 유대인처럼 하브루타로 교육하라』, 예담프렌드, 2012

홍익희, 『유대인 창의성의 비밀』, 행성B잎새, 2013

헤츠키 아리엘리 저, 김진자 역, 『유대인의 성공 코드』, 국제인재개발센터, 2013

후쿠타 세이지 저, 나성은, 공영태 역, 『핀란드 교육의 성공』, 북스힐, 2008

한국교육연구네트워크 총서기획팀, 『핀란드 교육혁명』, 살림터, 2010

정형권, 『거꾸로 교실 거꾸로 공부』, 더메이커, 2015

텐게 시로 저, 장현주 역, 『살아갈 힘』, 오리진하우스, 2016

쉬미 강 저, 노혜숙 역, 『멀리 보는 부모의 용기』, 아니마, 2016

김정운, 『노는 만큼 성공한다』, 21세기북스, 2011

김경훈, 『모모세대가 몰려온다』, 흐름출판, 2014

이혜정, 『서울대에서는 누가 A+를 받는가』, 다산에듀, 2014

이혜정, 『대한민국의 시험』, 다산 4.0, 2017

오찬호, 『대통령을 꿈꾸던 아이들은 어디로 갔을까』, 위즈덤하우스, 2016

김형근, 『우리가 아는 미래가 사라진다』, 위즈덤하우스, 2013

이지성, 『생각하는 인문학』, 차이, 2015

임한규, 『창직의 힘』, 도서출판 창직, 2017

이지성, 『내 아이를 위한 인문학 교육법』, 차이정원, 2016

김주환, 『그릿』, 쌤앤파커스, 2013

미하이 칙세트미하이 저, 최인수 역 『몰입FLOW』, 한울림, 2004

최재천, 『통섭의 식탁』, 움직이는서재, 2015

최재천, 『생각의 탐험』, 움직이는서재, 2016

미야나가 히로시 저, 김정환 역, 『세렌디피티의 법칙』, 북북서, 2010

정지훈,『무엇이 세상을 바꿀 것인가』, 교보문고, 2012

잭 안드라카, 매슈 리시아크 저, 이영아 역『세상을 바꾼 십대, 잭 안드라카 이야기』, 알에이치코리아, 2015

2016서울시미래교육 포럼,『인공지능시대의 이해와 서울미래교육』, 서울특별시교육연구정보원 교육정책연구소, 2016

서울미래교육준비협의체 기초연구보고서,『서울미래교육의 상상과 모색』, 서울특별시교육청, 2017

신문, 잡지, 사이트

오선영, "입시 중심 교육 버리고 창조 시대 대비를 … 소통 · 협업 능력 등 소프트 스킬 키워야", 조선일보, 2016.2.11

조종엽, "인간의 뇌 따라한 AI 공포 아닌 창조적 혁신 도구", 동아일보, 2016.3.16

윤수경, "'인공지능, 사람 삶 관심 가져야', '빅 데이터가 정확히 좌우할 것'", 서울신문, 2016.3.17

김준동, "이단아, 하사비스", 국민일보, 2016.3.17

신동흔, 권선미, 김민정, "알파고 시대, 우리 애는 '알파 백수'로", 조선일보, 2016.5.4

차두원, "인공지능 시대… 우리 아이들의 미래", 아시아경제, 2016.6.15

고평석, "미국, 핀란드, 한국 교육이 각각 가진 특이점 3가지", 허핑턴포스트, 2016.12.14

황정환, "일본 노벨상은 기다림의 결실, 10~20년 연구 몰입 도왔다", 한국경제, 2016.10.17

정유진, "모범답안만 정답?… 풀이과정 칭찬해야 창의력 솟는다", 문화일보, 2016.11.1

박재원, "100세까지 잘 사는 부모 vs 40세까지 잘 사는 부모", 머니투데이, 2016.1.1

조은영, "로봇 다빈치가 전하는 창의력의 비밀 : 데니스 홍 교수와의 인터뷰", 월

간 창조산업과 콘텐츠 : 한국콘텐츠진흥원, 2013년 6월호

이주희, "우리나라 대학교육, 인재들 정지 상태로 만들어 : 서울대에서는 누가 A+를 받는가 저자 이혜정 인터뷰", 투데이신문, 2015.1.21

다음Daum 뉴스펀딩, "이지성의 생각하는 인문학", 2015.5.19

김연주, "5년뒤 大入 1대1… 내 딸은 학원 안 보내요", 조선일보, 2016.12.26

김문기, "MS, 21세기 학습자 역량…정답보다 '과정' 찾기 필수", 아이티투데이, 2014.7.12

영상

카메론 헤럴드, 2012 TED 강연, "아이들을 기업가로 키웁시다"

수가타 미트라, 2010 TED 강연, "스스로를 교육하는 법에 대한 새로운 실험"

잭 안드라카, 2013 TED 강연, "10대 소년이 발견한 췌장암 조기 발견법"

KBS 〈명견만리〉 "4차 산업혁명은 어떤 인재를 원하는가", 2016.11.11

KBS 〈시대의 창, "로봇혁명"〉, 2015.1.6

KBS 〈명견만리〉 "일자리가 사라진다.", 2015.7.23~24

KBS 〈21세기 한국의 생존 전략, 카운트다운 4차산업혁명〉 "1부, 메이커 시대가 온다", 2016.1.21

KBS 〈21세기 한국의 생존 전략, 카운트다운 4차산업혁명〉 "2부, 혁신 제조업 빅뱅" 2016.1.22

EBS 〈21세기 교육 패러다임, 세계의 PBL〉

KBS 다큐멘터리 〈공부하는 인간 – 호모아카데미우스〉

내 아이의
미래력

초판 1쇄 인쇄 2017년 8월 25일
초판 1쇄 발행 2017년 8월 30일

지은이 | 정학경
펴낸이 | 정상우

디자인 | 어나더페이퍼
인쇄·제본 | 두성 P&L
용지 | 이에스페이퍼
펴낸곳 | 라이팅하우스
출판신고 | 제2014-000184호(2012년 5월 23일)
주소 | 서울시 마포구 월드컵북로 400 문화콘텐츠센터 5층 10호
주문전화 | 070-7542-8070 팩스 | 0505-116-8965
이메일 | book@writinghouse.co.kr
홈페이지 | www.writinghouse.co.kr

ISBN 978-89-98075-42-2 (03370)